像文学家那样，既有才，又有趣

趣味中国文学史

"偷师"文学名人,学习好词、
妙句、语文典故

傅狮虎

编著

一分钟趣味文学史

SPM
南方传媒
岭南美术出版社
中国·广州

图书在版编目（CIP）数据

　　一分钟趣味文学史 / 傅狮虎编著. —广州：岭南
美术出版社，2024.4
　　ISBN 978-7-5362-7917-9

　　Ⅰ.①一…　Ⅱ.①傅…　Ⅲ.①文学家—生平事迹—中
国—古代—青少年读物　Ⅳ.①K825.6-49

　　中国国家版本馆CIP数据核字(2024)第028876号

责任编辑：刘向上　黄海龙
责任技编：许伟群
责任校对：梁文欣
内文排版：友间文化
装帧设计：今亮後聲 HOPESOUND 2580590616@qq.com · 郭维维

一分钟趣味文学史
YI FENZHONG QUWEI WENXUE SHI

出版、总发行：岭南美术出版社（网址：www.lnysw.net）
　　　　　　　（广州市天河区海安路19号14楼 邮编：510627）
经　　　销：全国新华书店
印　　　刷：湛江市新民印刷有限公司
版　　　次：2024年4月第1版
印　　　次：2024年4月第1次印刷
开　　　本：787 mm×1092 mm　1/16
印　　　张：16.25
字　　　数：212千字
印　　　数：1—5000册
ISBN 978-7-5362-7917-9

定　　　价：78.00元

编选者说

1

史书上记载了无数人物，但人物最终被记住，却是因为故事。历史上的帝王将相，地位崇高，史料丰富，但是其中的很多人仍然鲜为人知，原因还是故事。——不被记住是因为他们的故事不够个性化，不够传奇。所以，他们虽然被记录在册，档案里材料一大堆，却往往无人问津。

世界就是如此"充满偏见"，没有故事的人不能被记住。

从这个角度来说，故事是最好的传播机，有趣的故事更是自带发光器。

2

不要说古代的历史书写者不会讲故事。

其实讲故事，正是中国历史上早期作者的基本能力。孟子、庄子、韩非子都是讲故事的高手。司马迁也是讲故事的高手，然后就到了《世说新语》。

《世说新语》堪称故事界的天花板，一直被模仿，从未被超越。

更重要的是，《世说新语》发明了一种新的体裁，一种新的写作方式，后世称作"世说新语体"。它只为故事而生，也全靠故事而存在。

3

时间到了21世纪，中文互联网催生出了"微博体"：作者需要在140个字以内，编织出一个具有足够吸引力的故事。

后来又有了"微历史"这一概念。微，既指篇幅短小，也指微言大义。"微历史"继承了《世说新语》的全部优点，以其文字简洁、人物富有个性、故事饶有趣味、主旨意味深长而一时成为"网红"。

现在，呈现在您面前的这两本书，《一分钟趣味艺术史》《一分钟趣味文学史》，精神上跟《世说新语》和"微博体""微历史"，正是一脉相承。

4

但是文学和艺术，尤其是后者，跟"微历史"比起来，又有不一样的地方。

在漫长的古代社会里，艺术往往被视为"末流"，读书人有且只有一个正经事业，那就是做官。在做官之余，才轮到写字、画画。如不做官，专门搞艺术创作，那叫不务正业。今天我们声称的"艺术家"，其实在当时既不被认可，也不受重视，更走不进历史书。

所以，古代很多杰出艺术家，其生平、事迹、作品，往往不传，后人也仅能在文人笔记、野史秘闻里找到只言片语。这些只言片语，便是我们这本书的主要内容来源。

这种难度使得"微文学史"和"微艺术史"成为一种相对稀缺的内容。因此这两本书也就值得更好地阅读和收藏。

5

最后强调一句：书中内容来源多样，其中或有以讹传讹之处，编者姑妄言之，读者姑妄听之。对于会读书的人，读书的乐趣自在其中，能认识诸多有趣的人物，见识诸多奇异的故事，收获种种别样的人生滋味和心得。

对于青少年来说，这更是一部贴心、暖人、收获将远超预期的文学史/艺术史入门读物。

现在，享受您的阅读吧，愿您一路喜悦相伴！

目录

序章：他们有才又有趣

欢乐的事

南朝刘孝绰（名冉，字孝绰）七岁就能写文章，舅舅王融非常喜欢他，称其为"神童"。历史上被称为"神童"的人很多，但是王融的吹嘘肯定是独一份，王融是这样说的："天下好文章若不是我写的，那肯定是我外甥写的。"

大诗人杜甫的爷爷杜审言，是初唐"文章四友"之一，另外三人分别为崔融、李峤、苏味道。杜审言性情狂傲，经常对人说："我的文章，屈原、宋玉都得拜服；我的字，王羲之都得称赞。"

杜审言在吏部做官，一次参加年度考核，考核后对人说："苏味道（杜审言的上级）肯定要死了。"大家忙问为什么，杜审言说道："他见到我写的考评语句，肯定会吃惊世上还有这么精彩绝伦的句子，我担心他会羞愧而死。"

杜审言病重将死，老朋友宋之问、武平一等人去看望他。杜审言叹息着说："我要死了，可惜才华上能够接替我的人还没出现。但是你们以前老被我压着，现在终于有出头之日了。"

文章是韩愈的命根子，在写文章这件事上，韩愈是很狂的。一次闲聊，韩愈突然说："丞相崔群真是个聪明人！"旁人很惊讶，问："为什么这么说？"韩愈悠然回答："我和崔群共事二十多年，他从来没在我面前提过一句写文章的事，难道这还不够聪明吗？"言下之意是，崔群知道我是文章圣手，从来不敢当着我的面班门弄斧。——够狂吧！

唐代诗人杨衡对自己的诗作有着迷之自恋，常常自吟自乐，甚至开怀大笑。曾作诗形容自己的笑声："一一鹤声飞上天！"同族中有人考试时抄袭杨衡的诗作，竟得以中举，杨衡跑去质问，此人诚恳道歉。杨衡又问："我的'一一鹤声飞上天'给我留着没有？"该人回答："这一句是您最得意的，我没敢偷。"杨衡笑了笑，说："这么看来，你还算懂事。"于是不再计较。

苏轼被宰相章惇贬到广东惠州，北方少有得到他的音信，社会上于是传说他已经死去。几年后，章惇失势，被贬到广东雷州，苏轼则官复原职，回到北方。南昌太守叶祖洽见到苏轼，问道："社会上传说先生已经去世，怎么至今还在人间游戏呢？"苏轼答："去黄泉的路上遇到了章惇，于是就返回来了。"

章惇心眼小，容易记仇，但是钱勰又总是管不住嘴，曾经前后两次挤对他。有人问钱勰："你明知道章惇爱记仇，为什么还去挤对他？"钱勰很无奈："我哪晓得，大约是有鬼劈我嘴了吧。"这人再问："你挤对过他一次就得了，怎么后来又去挤对他？"钱勰答："那鬼又来劈了我一次！"——总之呀，都是鬼惹的祸。

江苏闹蝗灾，泰兴县令向上级报告称："本县没有蝗虫。"后来发现也闹蝗灾！上级责问他谎报，该县令回答："这些蝗虫都是从隔壁如皋县飞来的呢！请如皋县认真对待，好好捕蝗，不要连累我县。"如皋县令正是钱勰，钱勰接到公文，客气地回了一句："蝗虫本是天灾，即非县令不才。既自敝邑飞去，却请贵县押来。"——非要说贵县的蝗虫是从我这儿跑过去的，那就请你将它们押回本县来吧！

史学家刘攽（bān）和苏轼友好。一次聊天，说到吃，苏轼说："我和弟弟以前读书的时候，常吃一种'三白饭'，那叫一个美味呀，多少美食都比不上它。"刘攽问什么是"三白饭"，苏轼回答："一撮白盐，一碟生萝卜，一碗白米饭。"刘攽听了直乐。

几年后，刘攽请苏轼到家里吃饭，请帖上写的是"皛（xiǎo）饭"。苏轼说："啥叫'皛饭'呀？刘攽读书多，这饭肯定有讲究，我得去吃。"结果吃饭时，上来的就是盐、萝卜、白米饭。——这不就是"三白饭"吗？苏轼这才明白过来：被调戏了。

刘攽晚年得了一种病，眉毛掉了，鼻梁也塌陷了。苏轼就嘲笑他："大风起兮眉飞扬，安得猛士兮守鼻梁？"在场者个个捧腹大笑。

同时代有个叫王祈的诗人，苏轼评价说："世上诸多事项中，忍笑是容易的事，但是读王祈的诗，想不笑却很难。"王祈写了一首咏竹的诗，给苏轼看："叶垂千口剑，干耸万条枪。"苏轼说："诗是好诗，就是这竹的叶子也太少了，十根竹才共有一片叶子。"原来，"万条枪"就是一万根竹子；"千口剑"，是一千片叶子。合算下来，可不就是十根竹子才有一片叶子吗！

又有一人，写诗常常不符合格律。苏轼问起来，对方则答："这是酒醉后写的。"一次，拿着一大捧诗作来找苏轼，苏轼读了读，对他说："你又酒醉了！"

有个叫郭祥正的人路过杭州，把自己写的诗拿去请教苏轼，他把诗朗诵了一遍，声震林木。读完后，对苏轼说："这首诗有分量吗？"苏轼回答："有十分。"郭祥正非常高兴。苏轼接着又慢慢地说："诗本身有三成分量，朗读有七成分量。"郭祥正听后，又很不高兴。

张耒身材高大，还应该是个胖子，因此朋友们都写诗打趣他。陈师道写道："张侯便然腹如鼓，雷为饥声汗为雨。"是说张耒的大肚皮跟鼓一样，饿的时候，别人是肚子里咕噜咕噜地叫，他则是咕声如雷；又爱出汗，汗出如雨。黄庭坚更狠，说他是"六月火云蒸肉山"，意思是张耒浑身都是肉，六月里天气炎热，那感觉就像是大火蒸肉。又说张耒像弥勒佛："形模弥勒一布袋，文字江河万古流。"

明末大旱，文学家张岱决定亲自上阵向老天爷祈雨。祈雨在古代很寻常，不寻常的是张岱，他把自己装扮成"水浒"中的人物宋江。旁人不解，问他："宋江是一盗贼，跟祈雨有什么关系？"张岱回答："宋江的外号不正是'及时雨'吗！"

清代龚自珍才华横溢，可是几次科举都因各种原因被刷下，最后一次在殿试中，又因为字写得不好而与"翰林"荣誉失之交臂。龚自珍很生气，在家发奋教老婆和孩子读书、练字，并痛恨上了翰林，每回见到翰林院的人，就嘲笑说："现在的翰林还称得上翰林吗？字写得好看一点就能进翰林院，按这个标准，我家里的女人和小孩都能做翰林！"

龚自珍性情狂傲，可是一旦夸起人来，估计也没人能顶得住，比如这句："万人丛中一握手，使我衣袖三年香。"千万人中您和我握了一下手，馨香留在我的衣袖上三年都不散。——（对方）这是何等的光芒万丈！（自己）这是何等的深感荣幸！

孔融十岁时，去拜访当时的名士李膺。看门人问他身份，孔融说："我是李君的亲戚。"李膺接见后，发现不认识，就问和自己是什么亲戚关系。孔融回答道："我的祖先孔子，和你家的祖先老子有师生之谊（孔子曾向老子请教过周礼）。因此，我们两家也算世交呀！"在场的客人听了都给孔融竖大拇指。陈韪（wěi）后到，听说此事后不以为然，说道："小时了了，大未必佳。"——小时候聪明，长大后不一定能有真本事。孔融立即反驳道："那您老小时候一定很聪明。"陈韪被堵得说不出话来。

西晋文学家孙楚，一时口误，把成语"枕石漱流"说成了"漱石枕流"。朋友王武子一听乐了，嘲笑他："以水流为枕，勉强说得过去；可是用石头来漱口，这就难了！"孙楚的口才也不是吃素的，当即答道："枕流，是想洗洗耳朵；漱石，是想磨砺牙齿。"——古有许由洗耳的典故，孙楚这么解释"枕流"，格调顿时高了起来；将"漱石"解释为磨砺牙齿，也很励志。这口才，果然高！

南朝徐陵出使北朝东魏，东魏学者魏收想在言辞上打压他，就说："今天天气真热，是徐陵您带来的吧？"徐陵回答："前几年王肃到了你们这里，为你们制定了礼仪；现在我来了，让你们知道了寒热。"——让一地之人知道寒热，够厉害吧！徐陵完胜魏收。王肃，琅邪王氏后人，曾从南朝投奔北朝。

宋初文学家王禹偁（chēng）被贬黄州，建了一座竹楼，曾这样写道："夏宜急雨，有瀑布声；冬宜密雪，有碎玉声。"夏天的时候，最好是来一场急雨，雨滴打在竹楼上，如瀑布飞溅；冬天的时候，最好来一场大雪，冰雪融化时，如玉碎声清脆作响。——文学家的优势就是，总能把日常生活描述得这么浪漫、有味！

悲伤的事

　　唐初卢照邻，总结自己的一生，说自己有五"可悲"：悲才难、悲穷道、悲昔游、悲今日、悲人生。唐高宗在位时，喜欢任用小吏，而自己是个儒生；武则天掌权时，喜欢法家之士，而自己改学了黄老之术；武则天大封嵩山，多次征召天下贤士，而自己已经病得像个废人……晚年卢照邻在隐居的茅屋旁边给自己挖了一座坟，没事就躺在里面。后来手脚麻痹不听使唤，干脆投水自杀了。

　　诗人司空图给自己挖了一座坟墓，把棺材放在里面。碰上好日子，就和客人一起坐在坟墓里喝酒、赋诗。有客人怕去坟墓坐，司空图就劝道："想开点。人总有一死，活着是暂时的，躺在这里才是永恒的。"

　　晚唐诗人李涉一晚过九江，遇到强盗打劫，正准备逃跑，强盗问："你是何人？"李涉报上名字，强盗说："哦，久仰久仰。早已听闻您的诗名，您送我一首诗吧。"李涉一听，也不怕了，作诗道："暮雨潇潇江上村，绿林豪客夜知闻，他时不用逃名姓，世上如今半是君。"前面是说，诗人遇到强盗打劫，没想到对方也知道自己的诗名；后面则是诗人对强盗说的话：以后你用不着隐姓埋名了，因为如今世道混乱，有一半人都在做着拦路打劫的勾当。强盗听了很欢喜，不但不打劫了，还送肉送酒，一再拜谢。

　　诗人罗隐长相不佳，长得丑的人不配有"粉丝"。宰相郑畋有个女儿，因为喜欢罗隐的诗，从而喜欢上了罗隐这个人，总梦想着有一天能见到心中的偶像。很快，她的梦想成真了，罗隐正好上门拜见郑宰相，郑女听说后，急忙跑到门后窥探；然而，当她亲眼见到罗隐的长相后，心中的梦顿时就破碎了，从此再也不相信"诗如其人"。

罗隐的族人罗邺，有诗名。但是罗邺科举考试不顺利，几次都没考中，作诗抒怀道："故乡依旧空归去，帝里如同不到来。"——考试失败，两手空空回故乡，长安来了也白来。

晚唐人李廓从小志向远大，但是科举没考好，作《落第》诗抒情："榜前潜制泪，众里独嫌身。气味如中酒，情怀似别人。"落榜了，对着榜单强忍泪水，站在人群中自觉是个失败者，自己都嫌弃自己；神情沮丧，如酒后的昏沉，心中难过，像刚刚和至亲好友离别。这首诗一传出，大家都认为写得好，写出了考场失意者的切实感受。

唐末桂林人曹邺，科举考试屡次不中，在长安苦熬了十年，才终于上榜。曹邺写诗，说起自己多年来的辛酸："一辞桂岩猿，九泣都门月。年年孟春至，看花不如雪。"辞别老家，来到长安，九次科场失意，九次对月哭泣；孟春时节，别人都欢喜赏花，只有我，看花不如雪，心里瓦凉瓦凉的。又有一首，说"故衣未及换，尚有去年泪"，今天参加庆祝宴时，没有来得及换衣服，衣服上还残留着去年落榜时的泪痕。

唐代社会对女性的态度虽然宽松，但是女性仍然没有资格参加科举、做官。一次，鱼玄机游览新科进士题名之处，看后赋诗道："云峰满目放春晴，历历银钩指下生。自恨罗衣掩诗句，举头空羡榜中名。"春日放晴，新科进士纷纷在这里写下自己的名字；只可恨我是女子，我的性别掩盖了我的才华，让我不能参加科举考试，而只有站在这儿空羡慕的份。

鱼玄机曾经是官员李亿的宠妾，但是李亿的老婆管得严，李亿只好让她去道观做了道姑。鱼玄机作诗埋怨李亿："易求无价宝，难得有心郎。"

晚唐诗人许棠五十才中进士，自称："自从中了进士，我就觉得身轻体健，过于少年，科考简直就是一粒神奇的丹药啊！"朝廷任命他做县尉，友人郑谷送别赠诗，第一句写的就是"白头新作尉"。五十岁的小老头，一个官场新人，官职是县尉。——不知道是该庆贺，还是该同情？

北宋时，苏氏父子三人，苏轼和苏辙，第一次参加考试就中了进士，兄弟俩刚刚二十出头；而父亲苏洵，考个举人都千难万难。所以苏洵有句话说："莫道登科易，老夫如登天；莫道登科难，小儿如拾芥。"科举到底是难是易，全看参加考试的是儿子还是老子。

北宋末期，徐遹博学有才，但是科考就是不中。晚年才得到朝廷照顾，得了一个功名。参加朝廷宴会后回寓所，路边美女都过来抢进士们头上戴的花，唯独徐遹没人理。徐遹感慨之下作绝句一首："白马青衫老得官，琼林宴罢酒肠宽。平康过尽无人问，留得宫花醒后看。"意思是，同样参加完琼林宴归来，我一路走过却无人问津，头上戴的花始终还留在自己手中。——果然是，出名要趁早啊！

先秦文学：开局即高峰

先秦文学，既是中国文学史的开端，也是中国文学宝库的重要部分，是后世文学创作的宝贵养料。先秦文学一出手即不凡，就是很成熟的文学作品。孔子曰："不学《诗》，无以言。"《诗经》为后世留下了太多好词、典故。先秦诸子散文，是文学和哲学的完美结合，为后世留下了无数妙喻、警句。屈原创作的《楚辞》，开创了中国浪漫主义文学的传统。

致敬《诗经》

　　《卫风·硕人》是卫国人对卫庄公的夫人庄姜的歌颂。庄姜因为没有生儿子而不被卫庄公喜欢，但卫国人觉得她非常有贤德，非常美，作诗称颂道："巧笑倩兮，美目盼兮。"——你笑起来真好看，两个眼睛滴溜溜圆。

　　《秦风·黄鸟》讲了一个悲伤的故事：秦穆公嬴任好死后，三位勇士奄息、仲行、针虎殉葬。秦人很伤心，作诗哀悼道：彼苍者天，歼我良人！如可赎兮，人百其身！——"人百其身"，意思是愿意用一百个人的性命，来换回勇士复生。后世用来表示对死者极沉痛的悼念。

致敬诸子

孟子善于类比说理。梁惠王问孟子："我这么用心治理国家，为什么人口没有增多呢？"孟子回答："这就好比战场上，一方胜一方败。败的一方士兵逃跑，有快有慢。其中，一个逃跑了五十步的士兵嘲笑逃跑了一百步的士兵，说他'贪生怕死'。这对不对呢？"梁惠王说："不对！"孟子说："您爱百姓，但您也热衷打仗，百姓就要受害。这与五十步笑一百步有什么区别呢？"

齐王想学好，但是"一曝十寒"，不能专注和坚持。孟子很不高兴，跟齐王讲道理："下棋是件小事，但想学好，也需要专心致志。全天下最擅长下棋的人叫弈秋，他同时教两个徒弟，一个专心致志，按照弈秋的教导进行练习；一个却心不在焉，整天想着天鹅飞过来，然后快乐地把天鹅射下来。最后的结果就是，同一个师父教，两人的成绩却相差很远。什么原因呢？不是他们的智力有高低，而是专心程度不一样而已。"

庄周也是讲道理的高手。惠施对庄周说："我有棵大树，树干、树枝都不直，没有什么价值。"庄周说："树大而不直，一般人用不上，那就把它种在旷野之中，等你劳累、精神疲惫时，可以欣赏它，可以绕着它散步，可以躺在它的树荫下休息。"——很多事物不是没用，而是看你能不能发现其价值，会不会用。

惠施做了梁国的相国，庄周去见他。惠施怕庄周抢了他的工作，庄周说："有一种鸟，它发于南海而飞于北海，休息一定要是梧桐树，吃的食物一定要洁净，喝的一定要是醴泉水。一次，一只抓住腐鼠在吃的猫头鹰看到它，害怕它会跟自己抢腐鼠。你说可笑不可笑？"——一件东西，你觉得很宝贝，生怕我抢，你却不知道我根本就看不上。

庄周和惠施在濠水河边散步。庄周说："鱼在水里游来游去，多么快乐啊！"惠施说："你不是鱼，怎么知道鱼是快乐的呢？"庄周开始抬杠："你不是我，怎么知道我不知道鱼是快乐的呢？"惠施说："我不是你，固然不知道你；你不是鱼，自然也不知道鱼啊。"庄子说："我们来捋一下，你说'你怎么知道鱼快乐'这句话，就是已经知道了我知道鱼的快乐而问我。既然你问了，那我就告诉你答案，我是在濠水河边上知道的。"——这就是关于"子非鱼，安知鱼之乐"的辩论。

庄周没吃的了，向监河侯借粮。监河侯说："没问题，等我发了工资，我给你一笔巨款。"庄周很生气，给他讲了一个"涸辙之鲋（hé zhé zhī fù）"的故事："一条鲫鱼困在车辙之中，一瓢水就能救活。而准备救它的人却说要开沟挖渠，引江河之水来救它，等他引来江河之水，鲫鱼早就变成鱼干了。"——与其画大饼，不如小帮助。

韩非的文章条分缕析，充满逻辑的力量。儒家歌颂尧和舜的贤德，韩非不认同，他说："如果说舜是圣人，舜的贤德有机会显示，那就说明尧没把天下治理好；如果说尧是圣人，把天下治理得井井有条，那就没舜啥事了。两者只能居其一。"

韩非的文章写得太好了，传到秦国，秦王嬴政读了后非常喜欢，说道："寡人若能见到此人，与他交游，便是死也没遗憾了。"后来韩非来到秦国，秦王却听信谗言，把韩非关进牢里害死了。

致敬屈原

屈原是中国历史上第一个留下姓名的大诗人。梁启超说：屈原是中国文学家的老祖宗。闻一多说：屈原是中国历史上唯一有充分条件称为人民诗人的人。胡乔木说：屈原是中国浪漫主义文学的奠基人。龚鹏程《中国文学史》说：屈原是中国有史以来第一个伟大的爱国诗人。

屈原喜欢用香草美人来抒发感情。这在他的《九歌·湘夫人》中有精彩的一段："筑室兮水中，葺之兮荷盖。荪壁兮紫坛，播芳椒兮成堂。桂栋兮兰橑，辛夷楣兮药房。罔薜荔兮为帷，擗蕙櫋兮既张。白玉兮为镇，疏石兰兮为芳。芷葺兮荷屋，缭之兮杜衡。合百草兮实庭，建芳馨兮庑门。"——建房子所用的荷、荪、紫贝、椒、桂、兰、辛夷、芍药、薜荔、蕙、石兰、杜衡等，都是芳香的草木。

屈原喜欢在诗歌中运用古代神话和传说。他的名篇《离骚》就有很多精彩的片段，其中最精彩的一段："饮余马于咸池兮，总余辔乎扶桑。折若木以拂日兮，聊逍遥以相羊。前望舒使先驱兮，后飞廉使奔属。鸾皇为余先戒兮，雷师告余以未具。吾令凤鸟飞腾兮，继之以日夜。飘风屯其相离兮，帅云霓而来御。纷总总其离合兮，斑陆离其上下。吾令帝阍开关兮，倚阊阖而望予。"其中，咸池是太阳洗澡的地方，扶桑是太阳升起的地方，若木是太阳休息的树木，望舒是给月神驾车的神人，飞廉是风神，鸾凰、凤鸟是神鸟，雷师是雷神，帝阍是为天帝守门的神人——这些都是神话中的人物。

楚国大夫登徒子在楚王面前说宋玉的坏话："宋玉长得帅，又能说，还好色，大王不要带他出入后宫。"楚王用这话责问宋玉，宋玉就写了一篇

《登徒子赋》，在文章中说道："天下的美女，都在楚国，楚国的美女，尽在我的家乡，而最美的，数我家东边的邻居。这位邻家小妹增一分则太高，减一分则太短；涂上脂粉嫌太白，施加朱红又太赤，真是一切都恰到好处。但就是这样一位绝色女子，非常暗恋我，爬在墙上偷看我三年，我毫不心动。而登徒子就不同，他的妻子非常丑陋，他还爱她要死要活的，和她生了五个孩子。大王您看，谁才是好色之徒呢？"

楚王问宋玉：为什么别人都批评你，是不是你有不检点的行为？宋玉就写了《对楚王问》来作答："有人在都城唱歌，唱《下里巴人》，有几千人都跟着唱；唱《阳春》《白雪》，就只有几十人了。鸟中有凤凰，鱼中有鲲，士之中有圣人。越是杰出者，能懂他们的人就越少。"——"下里巴人"和"阳春白雪"两个成语便出自这里。前者指通俗文艺，后者指高雅文艺。

文学史之秦汉魏晋南北朝

　　赋是两汉时期代表性的文学体裁，出现了一批代表性作家，其中司马相如、扬雄、班固、张衡四人成就最突出，合称"汉赋四大家"。汉赋之外，五言诗也走向成熟，魏晋南北朝时期涌现出了一批优秀的诗歌作者或创作团体，建安七子、正始之音、太康诗风，陶渊明开创的田园诗，谢灵运开创的山水诗……

　　这一时期，散文创作上也有很高的成就，陶渊明、吴均、郦道元等都有名作传世。

秦汉文坛：华丽篇章

司马相如　扬雄　司马迁

汉武帝打猎时，经常带着一群文学之士，让他们作赋歌颂自己打猎时多么英勇神武。谁写得好，汉武帝就会给予赏赐。有人认为这样做浪费钱财，汉武帝解释说："写作歌赋总比赌博好吧。歌赋除了读起来愉悦耳目，让人心情愉快，还有品德教育功能；歌赋中的鸟兽草木等知识，又能让人增长见闻。有这么多好处，比倡优表演强多了。"

司马相如见汉武帝非常喜欢他的《子虚赋》，说道："这是写诸侯游猎的，我再写一篇天子游猎的。"就写了《上林赋》：文中有子虚、乌有、亡是公三人。其中，子虚，虚言的意思，指代楚国；乌有先生，没有这回事的意思，指代齐国；亡是公，没有这个人的意思，申明天子大义。汉武帝读后龙颜大悦。汉武帝还好神仙之说，想着长生不老，司马相如就写了《大人赋》。汉武帝读后喜欢得不得了，大有凌云而起、飞游天地的感觉。

汉武帝不喜欢自己的皇后陈阿娇，把她打入长门冷宫。陈皇后日夜愁闷悲苦，听说了司马相如的名声后，出了一大笔钱，请他写一篇文章。司马相如就写下了《长门赋》，因为文章写得太好了，打动了汉武帝，陈阿娇又得宠幸。——据后人考证，《长门赋》的作者并非司马相如，陈阿娇也没有因为这篇赋而改变自己的命运。但这个"千金买赋"的典故则流传了下来。

有人向司马相如请教作赋之法，司马相如说："用丝线做原材料，用锦绣织出花纹，一言一语，像奏乐器一样有韵律。如何才能做到这样呢？赋家之心，要囊括宇宙万物，还要识别人心，这是个人修为，一下子就说不清楚了。"——总之，说起来容易、做起来难，你是学不会的。

司马相如看上了一个年轻女子，打算纳她为妾，就给妻子卓文君写了一封信："一二三四五六七八九十百千万。"数字中唯独少了一个"亿"。"亿"谐音"忆"，无忆，表示对夫妻共同的过去不再有回忆。卓文君读后，很是伤感，回信了一首《白头吟》给司马相如，其中两句："愿得一心人，白头不相离。"司马相如看完信后，羞愧万分，再也不提纳妾之事。

扬雄也是汉赋大家，他曾经想学习司马相如作赋，但怎么也达不到司马相如的水平。扬雄掷笔长叹："司马相如的赋都不是人写的，是神变化而成的。"

扬雄天生口吃。因为口吃，于是话少，喜欢读书和沉思。他读的都是圣贤的书，因而不追求名利，不担心贫贱，凡是不合己意的事，即使能得到富贵也不干。

扬雄家境贫寒，哪怕是他当了官也收入不高，家无余财，连酒都喝不起。有人投其所好，经常带着酒菜来向他请教学问。所以在扬雄这里，学生读书不收学费，带酒菜来就行。

扬雄淡于世俗权力，一心想留名后世。他本来辞赋写得好好的，堪与司马相如齐名，后来却看不上写辞赋，认为辞赋是小学生练习文采用的，成熟的男人不屑为之，转而模仿《易》，写出了《太玄》；模仿《论语》，写出了《法言》。不料这一行为受到了后世李白的嘲笑。在《侠客行》一诗中，李白写道："纵死侠骨香，不惭世上英。谁能书阁下，白首太玄经。"前面极力赞美侠客的勇武，后面举的"反面例子"就是扬雄，鄙视扬雄一把年纪了还宅在阁楼上写《太玄经》，真是没出息。

有人问桓谭：扬雄的书能流传后世吗？桓谭说："一定能够，但我们是没法看到了。凡人都轻视近的、重视远的，大家看到扬雄的地位、容貌不能动人，便轻视其书。老子作《道德经》，一开始不也受人轻视吗？但汉朝初年喜欢它的人超过《五经》。现在扬子的书文义最深，论述不违背圣人，以后的影响也必定超过其他人。"

汉初，陆贾经常在刘邦面前唠叨儒家思想，刘邦听得不耐烦，骂道："我的天下是马上打下来的。"陆贾应道："但是不能在马上治理天下啊！文武之道并用，天下才能太平长久。"刘邦点点头，同意了陆贾的看法，就让他把道理写下来。于是，陆贾写出了著名政论散文集《新语》。

贾谊得罪朝廷重臣，被外放为长沙王太傅。长沙在南方，离京师长安很远，贾谊充满了怨愤，途经湘江时，写下了《吊屈原赋》："国其莫我知兮，独壹郁其谁语？"——没有人懂我，我心情抑郁，却又无人可说。

长安书生虬（qiú）写了一篇《清思赋》，大家读了，一个点赞的都没有。虬郁闷了，就宣称这是司马相如的新作，大家一听，都对该赋交口称赞。

汉武帝向群臣赐肉，分肉的人一直未到，东方朔等不及了，就自己拔剑割肉，带着回了家。汉武帝知道后，命令东方朔做自我检讨。东方朔的检讨词是这样的："东方朔呀东方朔！诏令没到就拿走赏赐，多么无礼！不等人自己拔剑割肉，多么豪壮！但割的肉又刚够自己的分量，多么廉洁！急着送肉回家给妻子吃，多么仁爱！"汉武帝听得乐了："让你做检讨，你倒好，想着法儿夸自己。"

东方朔性格诙谐，不循规蹈矩，司马迁在《史记》中称他是"滑稽之雄"。东方朔喝醉了酒，就直接在宫殿上小便。同事像看疯子一样看他，东方朔却自称是"大隐隐于朝"，喝高兴了就唱歌："隐居在世俗中，避世在金马门。宫殿里隐居，也可以保全自身，何必隐居在深山之中，茅舍里面。"

司马迁因为替名将李陵申辩，被判宫刑。为了完成《史记》这部巨著，司马迁忍辱含垢，他在给朋友的书信中说出了自己受此奇耻大辱却仍要坚持活着的理由：文王拘而演《周易》；仲尼厄而作《春秋》；屈原放逐，乃赋《离骚》；左丘失明，厥有《国语》；孙子膑脚，《兵法》修列；不韦迁蜀，世传《吕览》；韩非囚秦，《说难》《孤愤》；《诗》三百篇，大抵圣贤发愤之所为作也。——要写出好的作品，就得体验人生困苦。

东汉思想家王充，为了写作《论衡》一书，长期宅在家里，不与外界来往。在他的院子里，到处都放着刀笔，随时准备记下思想中的闪光点。

汉成帝的妃子班婕妤（婕妤是宫中嫔妃的等级名称，并非人名），很有才华，本来深受皇帝的宠爱，但在赵飞燕姐妹进宫后，她便失宠了。从此，班婕妤便以文学来抒发心中的苦闷，她有一首著名的《团扇诗》："常恐秋节至，凉飙夺炎热。弃捐箧笥中，恩情中道绝。"箧笥（qiè sì），装杂物的箱笼。作为一柄团扇，最怕的是秋天至、凉风起，因为那时主人就用不上自己了；团扇的命运就是被丢弃在杂物箱里，无人问津。——班婕妤以物喻人，借秋扇自伤，叹息宠幸不再。

东汉经学大师郑玄家的奴婢，文化水平都很高，说起话来引经据典。一次，一个奴婢犯了错，郑玄大怒，罚她跪在泥水中。另一个奴婢经过，看到了，问道："胡为乎泥中？（怎么待在泥水里呢？）"被罚的奴婢答道："薄言往愬（sù），逢彼之怒。（我去禀报事情，正碰到他在发怒。）"一问一答，都出自《诗经》。因此产生了一个成语"郑玄家婢"，意思是有文化、有学问的婢女。

东汉末年的才女蔡文姬，是著名文学家、书法家蔡邕的女儿。蔡邕曾经藏书万卷，后来都在战乱中散落丢失，曹操为此深感遗憾。蔡文姬说："父亲所留的书，现在都已找不到了。我如今还能记得内容的，大概有四百多篇。"于是要来纸笔，凭记忆把这些书籍都写下来，没有一点差错。

魏晋文学：生命咏叹

曹操　曹植　陈琳　王粲　阮籍　陆机　左思　陶渊明　孙绰

曹操的诗被誉为"诗史"，是对汉末历史的实录：如《薤（xiè）露行》记录了何进谋划诛杀宦官，失败后董卓入洛阳、纵兵作乱的情况；《蒿里行》记录了关东各州郡讨伐董卓，又各怀野心、互相攻杀的史事。

曹植文章写得非常好，曹操看了不信，怀疑有人代笔。曹植说："不信可以当面考我。"恰在这时，铜雀台建好了，曹操就带着曹植兄弟一起登台游览，命令大家当场作赋纪念。曹植一挥而就，写出了名篇《登台赋》，曹操才相信了他。

曹氏兄弟不和，曹丕称帝后，命令曹植七步作诗，不然就要治罪。谁知大才子不是吹的，曹植应声就作出了一首："煮豆持作羹，漉菽以为汁。萁在釜下燃，豆在釜中泣。本自同根生，相煎何太急？"曹丕不觉惭愧起来。

曹植，字子建。南朝诗人谢灵运评价曹植：天下才有一石（十斗），曹子建独占八斗。——这就是"才高八斗"的典故。当然，谢灵运这么说也是为了夸自己，他的下一句便是：我得一斗，其他的人共分一斗。——我虽然不能跟曹子建比，但是你们所有人加起来也就等于一个我！

吴国的张纮（hóng）作了《柟（nán）榴枕赋》，陈琳在北方读到后，逢人就说："读了《柟榴枕赋》没有？作者是我的同乡。"陈琳写了《武库赋》《应机论》，张纮读了后立即给他写信，称赞不已。陈琳回信说道："北方人会写文章的不多，所以我显得比较突出。但和你们比起来，那是小巫见大巫。"

袁绍攻打曹操，让陈琳写了一篇著名的檄文《为袁绍檄豫州文》。陈琳在檄文中把曹操的罪状一一列举了出来，还痛骂了曹操的祖宗三代。曹操当时正患头痛，躺在床上读完陈琳的檄文，吓出了一身冷汗，一下子坐了起来，头也不痛了。曹操哈哈大笑，说道："这真是我的治病良药啊！"

袁绍和曹操之争，曹操胜出，陈琳成了俘虏。曹操责问陈琳："你写檄文攻击我也就算了，为什么还要骂我的祖宗三代？"陈琳答道："各为其主而已，我当时也是箭在弦上，不得不发。"曹操赞赏陈琳的才华，就没追究了。——成语"箭在弦上，不得不发"即出自这里，比喻为情势所迫而身不由己。

"建安七子"中，公认王粲的文学成就最高。据说王粲写文章，举笔便成，不用再改，别人常以为是工粲提前作好的。但其他人再怎么反复构思，写出的文章也没法超过王粲。

王粲年少就成名。当时蔡邕天下闻名，每天上门拜访的人很多，但当他听说王粲求见时，急忙出门迎接，急得连鞋子都穿反了，让所有人很吃惊。蔡邕介绍说："这位是司空王公（王畅）的孙子王粲，是个奇才，我自愧不如。我家里收藏的书籍文章，应该全部送给他。"

一天，王粲和友人外出，看见了一座古碑，站在那儿看了一遍。友人问他："看完了能背诵出来吗？"王粲回答："能。"当即转过身去背诵起来，竟然一字不差。

阮瑀文章写得好，名闻于时。曹操听说后，召他做官，阮瑀不应，甚至逃进深山以躲避曹操。曹操不甘心，派人放火烧山。阮瑀没办法，被迫应召。

祢衡恃才傲物，惹得曹操很生气。曹操决定捉弄祢衡，便任命他为鼓吏。一天，曹操大宴宾客，让鼓吏们击鼓助兴。轮到祢衡时，他演奏了一曲《渔阳》，鼓声激越，引人入胜。曹操却派人对他说："服装不合要求，再来一遍。"祢衡于是当场脱掉全身衣服，换上鼓吏的专门服装，又演奏了一曲才离开。离开时，神色从容。曹操笑着说："本想羞辱祢衡，没想到反被羞辱。"

曹操不喜欢祢衡，又不想杀他而坏了自己的名声，于是把祢衡送给刘表。刘表非常看重祢衡，每次奏章文字，都要由祢衡来定稿。有次祢衡临时外出，刘表和一群秘书绞尽脑汁写了一篇奏章出来，然后很得意地拿给祢衡看。祢衡一看，直接撕了扔地上。刘表惊呆了，刚想问，只见祢衡要来笔纸，唰唰唰一挥而就，完全甩刘表一群人几条街。

魏晋迭代之际，朝政混乱，很多不满于司马氏擅权的人都被杀。阮籍为了明哲保身，或者闭门读书，或者登山临水，或者酩醉不醒，总之是少说话，不涉政事。但他心中苦闷，经常一个人驾着马车出门乱走，一直走到无路可走了，才痛哭一番返回。司马昭想和阮籍结亲家，阮籍为了拒绝，故意每天拼命地喝酒，喝得酩酊大醉，不省人事。一连六十天，天天如此，前来提亲的人没法向他开口。最后，司马昭只好无可奈何地说："算了，这个醉鬼，由他去吧！"

阮籍心高气傲。他到"楚汉之争"的古战场游览，然后慨叹说："时无英雄，使竖子成名！"意思是，秦末时那些争夺天下的"群雄"水平都太低了，哪怕刘邦、项羽这样的，也不过是"矬子里面选将军"，都不能入他阮籍的法眼。

阮籍不怎么说话，就用眼睛——"白眼"和"青眼"来表达爱憎：对待讨厌的人和物，用白眼；对待喜欢的，用青眼。他的母亲去世，嵇康的哥哥嵇喜来拜祭，对这样的朝廷官员，阮籍毫不客气地给了一个大白眼；嵇康带着酒、夹着琴来，阮籍大喜，马上青眼相加。

刘伶崇尚老庄，爱喝酒，整日驾着鹿车，载着美酒，四处游荡。他留下了一篇关于酒的名篇——《酒德颂》，自称"天生刘伶，以酒为名"。他和阮籍是一对好酒友，阮籍当了步兵校尉，得到三百石酒，只与刘伶共饮。

钟会非常崇拜嵇康（"竹林七贤"之一），写了一篇文章，想请嵇康把把关。他把文章揣在怀里，走到嵇家门口时又怕嵇康不给面子，思来想去，不敢拿出来，最后只好直接往大门里一扔就跑了。——典型的文学爱好者揣着稿子见大作家的情形。

西晋建立后，晋武帝有意统一南北，派使者向东吴示好。使者带去了一封信，是文学家荀勖（xù）写的，这封信写得文采斐然、情真意切。东吴皇帝孙皓一看完信，立马派人前来和亲。武帝对荀勖说道："你的信可抵十万雄兵啊，孙皓一见就想来归顺了。"

西晋的陆机和陆云两兄弟，世称"二陆"，是当时有名的文学才俊。陆云曾给哥哥陆机写信说："崔君苗说读了您的文章后，恨不得烧掉笔砚，从此不再作文。"崔君苗是当时一位文士，"焚砚"的典故便出自这里，比喻自愧不如。

陆机想写一篇"三都赋"（"三都"指魏、蜀、吴这三个政权的都城），听说左思也在写，就写信给弟弟嘲笑道："左思写的《三都赋》，我看只能用来盖酒坛子。"谁知左思写得很好，作品一出，洛阳纸贵。陆机读了也击节赞赏，并放弃了自己原本的创作想法。

左思为了创作《三都赋》，在自家庭院、床上、桌上，都放着笔砚，想到一句就写下来。打磨了十年，终于完成大作。《三都赋》出来后，有人说好，有人说坏。诗人张华建议说："应该找个名人帮你推荐一下，做做宣传。"左思就找到了文坛大家皇甫谧。皇甫谧帮忙打广告后，洛阳人抢着读《三都赋》，一时洛阳纸贵。

西晋大富豪石崇的故事，相信人人都听说过。其实，石崇还是个文学家，他是文学团体"金谷二十四友"的成员之一。"金谷园"是他家别墅的名称，也是诗人们的聚会地点，而赫赫有名的潘岳、陆机、左思等，也是这个团体的成员。一次，征西大将军王诩前往长安，石崇等人在金谷园设宴相送，饮酒赋诗，作不出诗的，"罚酒三杯"。这次聚会被认为是中国历史上第一次真正意义上的文人"雅集"，人称"金谷宴集"。后世王羲之、谢安等人的兰亭雅集，就是对此的效仿。

刘琨是"金谷二十四友"之一。他领兵作战，被匈奴骑兵包围，城内粮草不足，士兵非常恐慌。晚上，刘琨登楼长啸，匈奴人听后，不禁起了思乡之心。半夜，刘琨又从士兵中组织了一支胡笳乐队，朝着敌营那边吹起了《胡笳五弄》。匈奴兵听了更加思念家乡，天没亮就撤围而去。

后世常用"貌似潘安"来形容美男子。潘安，是西晋文学家，非常美貌，仪态优雅，风度翩翩。驾车走在街上，连老妇人都为之着迷，往潘安的车里掷水果，把车子都扔满了。而另一位才子左思，长得非常难看，跟潘安形成鲜明对比。左思到街上走一圈，女人们回馈他的则是吐口水，弄得他灰头土脸。

潘安对结发妻子一往情深，忠贞不渝。妻子很早就去世，潘安从此不再娶，还作《悼亡诗》三首，抒发对亡妻的情感。这些《悼亡诗》，为中国文学开辟了一个新的题材，即悼亡题材。

王衍看不上庾敳（ái），不想跟他交好，但是庾敳不介意，每次都亲热地称呼王衍为"卿"（朋友间的亲昵称呼）。王衍说："我跟你不熟，你不许说'卿'了。"庾敳回答："卿自君我，我自卿卿。"意思是，你是不是把我当朋友，我不管；我自当你是朋友，所以用"卿"称呼你。王衍没辙了，只得随他。

庾敳写了一篇《意赋》，侄儿庾文康看见了，说道："若有意，一篇文章哪写得完；若无意，又何必写？"庾敳看他抬杠的样子，回答道："我的情况正在有意、无意之间。"

庾敳贪财且很富裕。"八王之乱"中，有人想陷害庾敳，便向"八王"之一的东海王司马越建议，找庾敳出一笔钱财当军费。建议者心里想的是，以庾敳的贪财程度，肯定不乐意出钱，那么就正好可以杀掉他。于是，在一次聚会中，司马越向庾敳提出此事。庾敳惊得酒都醒了，头巾掉落桌上，他缓缓地用头挑起头巾戴好，然后回答道："下官家中有二千万，任凭您取用。"司马越听了很高兴，说道："不可以小人之心度君子之腹啊！"——性命和钱财，孰重孰轻，庾敳还是分得很清楚的。

东晋文学家陶渊明，是著名爱酒人士，也是中国文学史上第一个大量写饮酒诗的诗人。陶渊明经常和前来拜访的客人喝酒，喝醉了就对客人说："我醉欲眠卿可去！"我醉了，要睡一会儿；你自行离开，我就不送了。

陶渊明是田园诗的开创者。在他的田园诗中，随处可见他对污浊现实的厌烦和对恬静田园生活的热爱，"少无适俗韵，性本爱丘山"。因为有实际劳动经验，所以他的诗中洋溢着只有劳动者才能感受到的喜悦："种豆南山下，草盛豆苗稀。晨兴理荒秽，带月荷锄归。"

陶渊明《五柳先生传》中说："好读书，不求甚解；每有会意，便欣然忘食。"成语"不求甚解"，表面上是说读书不追求彻底掌握，其实是指领会书中精髓，不必死抠字眼，不要陷于细枝末节。现在多指对问题不能深入研究，学习不认真，敷衍了事。

东晋权臣桓温，对谢安尤为器重。一次拜访完谢安出来，对随从们说："你们见过这样优秀的人吗？"政治上，桓温想夺皇帝的权，而谢安支持皇帝，两人立场相对。皇帝病死后，谢安写了一篇很漂亮的祭文，桓温看后，既气又赞地说："好文章啊好文章，谢安的文章可以砸碎金子！""碎金"一典即出自这里，比喻精美简短的好诗文。

下雪天，谢安搞了一个家庭聚会，跟子侄们谈诗论文。谢安出题："你们看这雪，纷纷扬扬的，像什么呢？"侄子谢朗说："撒盐空中差可拟。"——跟在空中撒了一把盐差不多。侄女谢道韫则说："未若柳絮因风起。"——不如比作柳絮被风吹得漫天飞舞。谢道韫的回答，让谢安很是满意。后世因而称谢道韫为"咏絮之才"，并用这个成语来赞美有文采的女子。

谢万（谢安的弟弟）写了一篇《八贤论》，评论八位古今人物的优劣，自觉写得很好。与名士孙绰进行讨论，一辩一驳，很是热烈。谢万很得意，把文章送给文学家顾夷看。顾夷说："如果我也写一篇的话，你们都得闭嘴了。"

桓温想迁都洛阳，朝廷官员害怕桓温的权势，无人敢提出异议。只有孙绰站了出来，上书《谏移都洛阳疏》。疏中写道：迁都乃"舍安乐之国，适习乱之乡；出必安之地，就累卵之危"。意思是，建康（南京）这地方是安乐之乡，洛阳是四战之地，放弃建康而迁都洛阳，那不是要把国家置于险境之中吗？这几句话写得很有力量，桓温看了后，也不提迁都了。

孙绰写了篇《游天台山赋》，给文友范启看，得意地说道："我这篇文章，你扔地上试试，会发出金石之声。"范启说："少嘚瑟，即使是金石，也不一定如乐音般美妙。"等他读过之后，却连连称赞，说道："确实不错。"成语"掷地有声"就出自这里，形容文辞优美，或话语铿锵有力。

孙绰和许询都是一时名流。当时舆论说："许询高迈，孙绰比不上；孙绰才藻优异，许询比不上。"有人问孙绰：怎么看你自己和许询。孙绰答道："高情远致，在下服膺他；咏吟为文，许询是拜服我的。"

孙绰是当时文士之冠，当时王公大臣去世后，家人都一定会请孙绰来撰写碑文，否则便会觉得很没面子。王羲之创作书法名帖《兰亭集序》的那次"雅集"，孙绰也是参与者之一。

桓温北征时需要写个通告，把秘书袁宏叫过来当场写。袁宏提起笔，不一会儿，七张纸的通告就写好了。大家都赞叹他水平高，袁宏撇撇嘴，说道："我因为被免官，说话的机会少了，于是笔头就写得快了。"成语"倚马可待"（也说"倚马千言""倚马之才"）的主人公，正是这位袁宏。

南朝文学：杂花生树

颜延之　谢灵运　鲍照　范晔　柳恽　徐陵　庾信

南朝时，颜延之和谢灵运俱有文名，并称"颜谢"，但颜延之文思更为敏捷。一次，宋文帝让他们写一篇拟《乐府·北上篇》，颜延之一挥而就，谢灵运思考了半天才写出来。

颜延之问鲍照如何评价他和谢灵运。鲍照说："谢的五言诗如初发芙蓉，自然可爱；你的诗像铺列锦绣，满眼光彩。"话说得比较委婉，其实还是认为谢灵运的诗歌成就更高。

颜延之性情偏激，又喜欢喝酒，直言不讳，世人称呼他"颜彪"。"彪"，本义是老虎身上的斑纹，也指小老虎。说一个人"彪"，应该是说此人有点"虎里虎气"的意思。

谢灵运有个侄子叫谢惠连。谢灵运很喜欢这个侄子，每次写作时看到谢惠连，脑子里就会蹦出佳句来。一次，谢灵运为了写一首诗，折腾了好几天都没写好，睡觉时梦到谢惠连，便马上有了灵感，作出了"池塘生春草"这一名句。谢灵运经常说："这句诗如有神助，不是我的能力所及。"

谢灵运是第一位全力创作山水诗的诗人，山水诗的勃然而兴，其功首推谢灵运。谢灵运本身是个游山玩水爱好者，他发明了一种鞋，该鞋前后的钉子都是活动的，可以灵活安装，上山时拿掉木屐的前齿，下山时拿掉木屐的后齿，这样就可以防滑。这种鞋被称为"谢公屐"，很有效，是实实在在的登山良品。

谢灵运是个美髯（rán）公，有一束漂亮胡须。临死前，他把自己的胡须施舍了出来，用作寺中佛像的胡须。这束胡须一直保存到唐代，后来被唐中宗的女儿安乐公主毁掉，一共保存了270多年。

鲍照准备向南朝刘宋临川王刘义庆献诗，有人认为这种向权贵献诗的做法很掉价，鲍照很生气，说道："历史上才能之士太多了，但大多默默无闻，这其实是一种智力浪费。所以，有本事的人就应该站出来自我推销，不要埋没了自己的才能，以避免沉沦底层，终日与燕雀为群，一生碌碌无为。"刘义庆便是《世说新语》一书的编者，他很认可鲍照的才华，任用鲍照为官。

鲍照的诗歌成就很大，在不少领域开启了后代的诗歌新创作。如其五言古绝，在句式、押韵上开唐人绝句之先河；在七言方面，鲍照被尊为七言诗开山之祖；在乐府创作方面，鲍照可以说是集古今之大成者。唐代杜甫赞美李白的诗兼有庾信和鲍照之长，"清新庾开府，俊逸鲍参军"，"鲍参军"就是鲍照。

南朝文学家范晔，因得罪人而被贬，心情郁闷，宅在家里整理各家关于东汉的史书。范晔本想以此来排解心中的痛苦和失落，谁知这事却给他打开了一扇窗。范晔开始了后汉（即东汉）史书的编撰，不久就写出了历史名作《后汉书》。

范晔参与谋反被抓入狱，以为自己会被立即处死，不料过了二十多天，还没有人来给他宣判。范晔由此又燃起了活命的希望。一同被抓的孔熙先讥讽范晔怕死，范晔说："我只是替自己可惜，想不到满腹经纶，最后竟葬身此地。"

　　南朝刘宋文帝有一把非常漂亮的白团扇，让范晔在上面写几句诗赋。当时范晔因参与谋反被抓，就在扇子上写道："去白日之昭昭，袭长夜之悠悠。"这句话出自先秦楚辞名家宋玉，范晔引用过来，表面是说团扇的功能，其实是说：我就要被杀了呀，再也见不到太阳了，从此只有长夜相伴。文帝看后也不禁为其感伤，但仍然处死了他。

　　柳恽是南朝齐、梁时期的诗人，懂琴乐、围棋，还精通医术。梁武帝萧衍很欣赏他，曾对身边的人说："古往今来，很少听说有人像柳恽这样多才多艺的，假如一个才艺分给一个人，则柳恽的才艺可以足足分给十个人。"

　　柳恽的诗句："亭皋木叶下，陇首秋云飞。"文学家、"竟陵八友"之一的王融非常喜欢，把它写在书斋墙壁和所执白兰团扇上，时时吟读。

　　柳恽拜著名的琴手嵇元荣、羊盖为师，琴技熟湛。一次，竟陵王萧子良摆酒设宴，请柳恽弹琴，在场的人听得都陶醉了。萧子良赞叹说："你巧越嵇心，妙臻羊体——超过你的两位师父了。岂止是当世称奇，足可比肩古代高手。"

　　徐陵，南朝梁、陈时期的诗人，他曾编选了一部诗集《玉台新咏》，名篇《孔雀东南飞》就出自其中。徐陵八岁能文，时人誉为"当世颜回""天上石麒麟"；成年后以文学著称，号为"一代文宗"。当时流行宫体诗，徐陵是宫体诗的代表作者。陈后主和嫔妃们写了宫体诗，拿给徐陵看，想得到他的表扬，没想到徐陵很不客气地评价："皆不达辞也。"翻译过来就是"狗屁不通"！陈后主恨得牙痒痒的，却无可奈何。

徐陵为人刚正严肃。有个姓鲍的官员仗着陈顼（陈文帝的弟弟）撑腰，胡作非为，旁人都敢怒不敢言。只有徐陵毫不畏惧，在朝堂上弹劾他。看到徐陵表情严肃、凛然不可犯的气势，陈文帝不自觉地正襟危坐、挺直身子；陈顼在皇帝边上站着，一边听，一边流冷汗。从此，朝廷肃然。

庾信和徐陵年龄相当，都才华横溢，文风绮靡浮艳，是宫体诗的代表作家，世人称为"徐庾体"。当时人们都争相模仿他们的文风，两人每出新作，都会在京师立马引起轰动。六朝以骈文著称，而庾信可谓集大成者。

南梁末期，庾信出使西魏，结果被扣在北方，再也没能回去。庾信时时渴望南归，对故国风物魂牵梦萦。看到渭水，他想到的是江南风景："树似新亭岸，沙如龙尾湾。犹言吟溟浦，应有落帆还。"忽见槟榔，想起的也是家乡的果珍："绿房千子熟，紫穗百花开。莫言行万里，曾经相识来。"杜甫的诗"庾信文章老更成"，说的就是这件事：庾信晚年羁留北方，风格转变，文章更加成熟。

南朝宋文帝得到一只红鹦鹉，让群臣作赋庆贺。袁淑和谢庄都是当时有名的才俊，两人写完后互相交换着看。袁淑看到谢庄的作品后，顿生惺惺相惜之感，说道："江南没有我，你就是一枝独秀；没有你，我就是文坛领袖。"于是藏起自己的作品，放弃了这次出风头的机会。

南朝文学家沈约，曾为东宫官属，非常受太子的赏识。两人经常一谈话就是一天，搞得其他官员都见不到太子。沈约就劝说太子拿出时间见见其他人。太子说："我这个人懒得很，睡得晚，起得晚。你如果想要我早点起床，那你就早点到宫中来。"——总之是，我只有时间陪你，陪其他人没时间。

南朝梁诗人朱异，颇受沈约赏识。沈约曾对他说："你也太贪了吧。天下才艺这么多，你一个人全拿去，简直是'巨贪'。"——这话夸得别出心裁，却也说中了朱异的未来：朱异后来做官，贪财受贿，极尽奢靡，确实是"巨贪"。

一次，南齐竟陵王萧子良和文士们玩作诗游戏，把蜡烛分成几段，烧一寸要作出四句诗。萧文琰（南朝文学家）说："这个难度不够。"要求改成击打铜器的声音，声音一停，四句诗要作出来。于是，大家玩"嗨"了。

南朝文学家江淹特别善于写悲伤的事情，他的代表作《恨赋》《别赋》等，是后世人们屡屡提到的文学名篇。江淹认为作家的文学创作要体现出个性，应该有"惊魂动魄"的艺术功效。

江淹晚年才思衰退，时人称之为"江郎才尽"。成语"江郎才尽"就是这么来的。传说江淹晚年曾梦见一男子自称郭璞，对他说："我有一支笔在你这儿放了多年，请还给我。"江淹从怀里摸出一支五彩笔递给他，此后便再也写不出好文章了。

南朝文学家孔稚珪的名篇《北山移文》，借北山山灵的口吻，嘲讽同时代的周颙（yóng）一边想着隐居，一边又醉心名利。文章嬉笑调侃，世所传诵。周颙是当时一位文学家、官员，他其实名声很好，并不是孔稚珪文中描写的假隐士。

南朝文学家任昉从小聪明，四岁能诵诗，八岁能写文章。宰相褚渊对他父亲说："您有一个好儿子啊！别人有一百个儿子不算多，你有一个儿子就足够了。"任家人也很自豪，称任昉是任家的"千里驹"。

任昉写文章，下笔即成，不用修改。萧融也很有才气，自以为天下无双，但每次一读到任昉的文章，便怅然若失，很受伤、很受伤。

梁武帝萧衍未当皇帝之前，曾经和任昉是同事。任昉文章写得好，萧衍骑射功夫强，两人私下开玩笑，萧衍就说："我要是当了三公，就任命你做记室（秘书）。"任昉也说："我若当了三公，就任命你做骑兵。"后来萧衍起兵时，果真让任昉做了记室参军，称帝后又给他一路升官。

南朝梁政权的武将曹景宗，一次打了大胜仗，梁武帝亲自摆筵庆功。宴会上，一群文臣分韵赋诗，曹景宗多喝了几杯，醉醺醺地也要求参加作诗。这时只剩下了最难的两个韵"竞"和"病"，大家都等着看笑话，谁知曹景宗思考了一会儿，作诗一首："去时儿女悲，归来笳鼓竞。借问行路人，何如霍去病？"全场听后，一致叫好。

南朝文学家刘峻，知识渊博，但性子率直。一次，梁武帝萧衍和文士们讨论有关锦被的典故，大家把能想到的典故都列举了出来，自觉已经穷尽。梁武帝故作谦虚地问刘峻还有没有，刘峻也不客气，要来纸笔，又写出了十多条。顿时，所有人都觉得很没面子。——和这种很"学霸"但不懂人情世故的人相处，太难了。

《文心雕龙》是后世公认的文学评论巨著，但是作者刘勰刚写完这部书时，因为没名气，作品得不到人们的认可。刘勰想了个办法，他在宰相沈约的家门口，摆了一个书摊，把自己的《文心雕龙》摆在最显眼的位置。沈约是文学大家，看到有新书，随手取来一读，读后大加赞赏。就这么着，刘勰和《文心雕龙》一下子都火了起来。

梁武帝北伐，让文坛后辈裴子野写布告。写成后，找来众多文坛宿将来看，大家看了都表示赞赏。梁武帝对裴子野说："看你长得弱不禁风，文章却很有气势。"

裴子野写作向来又快又好，典雅质朴，和当时主流的文风不一样。所以有人读了以后，开始不以为意，但是慢慢地就变成了崇敬，并学习其文风。有人问裴子野作文为什么写得快，裴子野答道："别人写作快靠手，我写作快靠心。"

南朝文学家吴均工于写景，诗文自成一家，被人称为"吴均体"，开创了一代诗风。语文课本上有他的代表作《与朱元思书》，全篇美不胜收，其中"鸢飞戾天者，望峰息心；经纶世务者，窥谷忘反"一句，尤为世人称赞。吴均很注意向乐府民歌学习，如"君随绿波远，我逐清风归""折荷缝作盖，落羽纺成丝"等，很有民歌味道。

南朝梁临川王萧宏伐魏，北魏大将陈伯之率军抵抗。萧宏请丘迟给陈伯之写了一封信，这就是文学史上著名的《与陈伯之书》。陈伯之原本是梁朝武将，后投奔北魏，丘迟在信中劝说他重回故国，情感真挚动人，其中有一段写景名句："暮春三月，江南草长，杂花生树，群莺乱飞……"——江南故国如此美好，将军您不怀念吗？陈伯之接到信后，立即率部归降了。

南朝学者张率，是作赋的高手，他创作了《待诏赋》，献给皇帝，皇帝很高兴，说道："司马相如写得好但不快，枚皋写得快但不够好，你是写得又快又好。"

张率十二岁起，每天作诗一首，到十六岁，作品累计近两千首。有个叫虞讷的，读后撇撇嘴，说写得太一般。张率就把诗集烧了，另外再写诗，故意署上文坛大佬沈约的名字。这次，虞讷读后纳头便拜，说写得太好了，字字珠玑。等虞讷表扬完后，张率告诉他："这些都是我写的。"

虞寄写了一篇《瑞雨颂》献给梁武帝。梁武帝读了后很喜欢，对虞寄的哥哥虞荔说："这是你们家的陆云啊！"虞寄听说后，却连连叹息，说道："赞美皇帝的美德，是为了让他做得更好，不是为了让他称赞我。我不是一个卖文求名的人！"

梁武帝萧衍的儿子萧纲，六岁就能写文章。初时，萧衍不相信，以为是旁人代作来讨他欢心的，于是让萧纲当面作文。萧纲当场交上的文章辞采华美，萧衍才信了，说道："这个儿子是我家的曹植啊！"——曹植当年也曾被父亲曹操怀疑他的文才。

南朝梁萧氏皇族一家子，文学之才颇多。梁武帝萧衍自己就是文学团队"竟陵八友"之一，在音乐、书法、绘画上都有成就，论多才多艺，在历代皇帝中都排得上号。萧衍的长子萧统，史称"昭明太子"，著名的《昭明文选》就是他主编的。第三子萧纲、第七子萧绎，都长于文学，萧纲当上太子后，当时文人赋诗作文，常常以"曹丕"比萧纲、"曹植"比萧绎。

梁元帝萧绎讨伐侯景，侯景的谋士王伟被抓。王伟向梁元帝献诗，请求放过他，梁元帝心动了，有人劝阻说："这人可放不得，您看看他在檄文里是怎么骂您的。"梁元帝拿来檄文一看，里面写道："项羽重瞳，尚有乌江之败；湘东一目，宁为赤县所归？"意思是，项羽天生异相，有四个眼珠子，仍然在乌江大败；萧绎只有一只眼睛，怎么可能夺得了天下？——梁元帝早年曾为湘东王，又因病瞎了一只眼睛。王伟这话骂得太狠了，梁元帝大怒，不但不肯放了王伟，还对他处以极刑。

谢贞八岁写下《春日闲居》一诗，表舅王筠看了后很惊奇，对亲戚们说道："诗中'风定花犹落'一句写得太好了，可以追上谢惠连了。"谢惠连是南朝初期文学家，与谢灵运、谢朓合称"三谢"。

北朝文学：南风北渐

温子昇　邢邵　魏收　郦道元

温子昇善于诗文，与邢邵、魏收齐名，时称三人为"北地三才"。北魏济阴王元晖业说："江左文人，宋有颜延之、谢灵运，梁有沈约、任昉，我子昇足以陵颜轹谢，含任吐沈。"——江南文人数量多，但是北方有温子昇，一个顶四个。

温子昇曾作韩陵山（在今河南安阳）寺碑。有一回庾信出使北方后归来，人们问他，北方有没有什么突出的文士。庾信回答："只有韩陵山的石碑文字，还可以说一说。"梁武帝萧衍对温子昇的作品也评价很高，称他是"曹植、陆机复生于北土"。

北魏宗室元乂（yì），升任尚书令，请邢邵代他写封感谢信（"谢表"）。邢邵没一会儿就写好了，元乂拿给客人看，客人说："邢邵的这封信，足以让袁翻羞愧、闭嘴了。"袁翻是当时的著名文人，经常不服气邢邵。当时达官贵人得了官职，都以能请到邢邵来写感谢信为荣。

北魏孝文帝元宏进攻汉北（今湖北省北部），敌方城池眼看要土崩瓦解，孝文帝突然叫停，说道："等着邢峦来，让他写好安民告示再攻。"邢峦，博学多识，文章写得好，很得孝文帝赏识。

邢邵和邢峦是同族人。邢峦年长三十余岁，对邢邵很是赏识，称之为"家族的骄傲"。邢邵少年成名，二十不到，名动衣冠，所以也养成了他的名士派头。会见客人时，他会一边解开衣服找虱子，一边谈话。——前辈王猛的"扪虱而谈"又有了继承者。

邢邵藏书不少，但不喜校对文字，认为这样很愚蠢，说道："天下的书这么多，一辈子读恐怕都读不完，哪还有时间去校勘？"他还有一个说法：对有错误的书进行思考，也是一种快乐。小舅子李季节问他怎么从思考误书中得到快乐，邢邵说："如果思考都得不到知识，那还何必花精力读书。"

"北地三才"中，魏收出生晚了约十年。魏收年轻时喜欢骑马射箭，想通过武艺建功立业。有人调侃他："魏郎，你使用过多少兵器？"魏收听了很惭愧，就改志下苦功夫读书，终于成为一代文学名家、史学家。

北魏皇帝让魏收作封禅文，魏收说："这是个大事，西汉时司马相如死的时候才写成，我不敢和他比。但是皇帝有命令，我只有尽一切努力完成。"于是，当着皇帝的面提笔就写，不一会儿就有了一千字。大臣贾思同看呆了，说道："七步之才，也不过如此。"

权臣高欢讨伐宇文泰，找人写檄文，有人推荐了孙搴（qiān）。高欢把孙搴带入帐中，备上文房四宝，还亲自为其点亮蜡烛。孙搴提笔而写，很快就写好了，文辞优美，高欢很高兴。

孙搴去世后，高欢让魏收接替孙搴的秘书工作，但是高欢对魏收的工作不满意，甚至还鞭打他。魏收很郁闷，有人对高欢说："魏收，是国之俊杰，希望大人您给他点好脸色。"由此，魏收的待遇才好了一点，后来不干秘书工作了，转去修史。

高欢宴请群臣，说道："魏收是个好史官，他连我的善与恶都写。听说北伐的时候，权贵们常常宴请史官，是不是？"又对魏收说："我今后的名誉地位在你手里，你的责任很重大。"——史官确实责任重大。后来魏收写的《魏书》争议很大，有人说魏收从中谋私，谁给好处多就给谁家的祖上多写好话，将《魏书》称之为"秽史"；但也有人对其评价很正面，认为正是因为魏收秉公直书，从而得罪了当时的权贵，惹来攻击，甚至在魏收死后，将其掘墓抛骨。

东魏皇帝问魏收："你和徐陵比，谁的文章好？"魏收说："我是大国之才，文章典雅；徐陵是亡国之才，文辞艳丽。"

东魏和南朝梁对峙。南朝梁鄱阳王萧范驻守合州（今合肥），这时南方发生了侯景之乱，东魏权臣高澄命魏收写信劝萧范让出合州。萧范得到书信后，果真同意了。高澄很高兴，对魏收说："平定一州，你出了很大力。下一步，咱们实现'尺书征建业'！"建业，指今南京，南朝梁的都城。

南朝梁派徐陵出使北齐，魏收大喜过望，收集自己的文章交给徐陵，让他到南方去帮忙宣传宣传。徐陵回去后就直接把魏收文集扔到了长江里，别人问为什么，他说道："我为魏公藏拙。"——我是为魏收好，免得别人发现魏收的不足。

邢邵和魏收，时称"大邢小魏"，但两人互不相能，经常斗气。邢邵对人说："南方的任昉，文章本来一般，但是魏收爱得要死，不但模仿，有时甚至直接抄。"魏收听了，也揭发说："邢邵还好意思说我抄，他的赋，很多句子在《沈休文集》里找得到！"沈休文，即沈约。

北朝诗人刘逖少年时好武，后来改学文。大臣席毗看不起舞文弄墨之人，嘲讽说："你们这些文人啊，就像春花，时节一过就凋谢了；我们武人却是千丈青松，面对风霜也不会凋落。"刘逖说："我既懂文又会武，春花、青松兼具，怎么样？"席毗说："这还差不多。"

有个叫刘昼的，从小学习儒学经典，不大懂文学写作，进京参加策问考试没考好，从此开始学文。但是很吃力，一次作了一首《六合赋》，给魏收看，魏收看后说："以六合为名作赋，腐儒行为；谁知赋中语言，更加不忍卒读。"

卢询祖文章华美。北齐在北方草原上打了大胜仗，皇帝高洋让大臣们作文歌颂。卢询祖最先完成，其中有几句写道："昔十万横行，樊将军请而受屈；五千深入，李都尉去以不归。"大家看了都连声叫好。——"樊将军"指汉初樊哙，号称领兵十万可扫平匈奴，结果被人嘲笑；"李都尉"指汉武帝时名将李陵，以五千人与匈奴作战，最终被俘。卢询祖用这两个失败案例，来突出北齐大胜的非凡意义。

写《水经注》的地理学家郦道元，同时也是杰出文学家。《水经注》虽是地理著作，也可以当文学作品来读。同样是写"瀑布"，作者用了"悬流""悬湍""悬泉""悬涛""悬涧""悬波""悬水""颓波""飞清""飞波""飞流""飞泉"等不同词语来描述，让读者随时有新鲜生动之感。写水流清澈，有"绿水平潭，清洁澄深，俯视游鱼，类若乘空矣，所谓渊无潜鳞也"，也有"其水虚映，俯视游鱼，如乘空也"，或者"水色清澈，漏石分沙"，绝不雷同。

唐诗三百年

　　唐代是诗歌创作的黄金时代。不会写诗者，愧为唐朝人。唐代诗歌，蔚为大观；唐代诗人，如群星闪耀，无论如何完备的文学史，都难免挂一漏万。

　　唐代是一个开放、包容的时代，因而也造就了唐诗的繁荣，各种风格的诗歌，各种性情的诗人，都能在这片辽阔星空中找到属于自己的位置。

隋朝文坛：庭草无人随意绿

卢思道　李德林　薛道衡

卢思道十六岁时，以刘松为榜样进行学习。他读刘松给人写的碑铭，许多典故读不懂，知道了自己的无知，于是更加发奋。后来，他写的诗文给刘松看，刘松也不能完全读懂。卢思道因此深有感触，说："读书的益处，可不是空话啊！"

卢思道与庾知礼一起作诗，庾知礼已经写好，卢思道还没完成。庾知礼笑道："卢诗出来得有点'春日'啊？"（《诗经》中有"春日迟迟"一语，这里有意省略，是说卢思道写诗"迟迟"，太慢。）卢思道回答："自许编苫疾，嫌他织锦迟。"苫（shān），草编的器物。你是快啊，不过是编草席，不上档次；我虽然慢，但我在织锦，做的是高级品。

北齐时，卢思道出使南陈。招待宴会上有联句作诗的游戏，南方一人首先说道："榆生欲饱汉，草长正肥驴。"讽刺北方人穷，吃的都是草木。卢思道拿起笔续道："共甑分炊米，同铛各煮鱼。"讽刺南方人无情义，一家人分开吃。

北齐皇帝去世，当朝文士各写十首挽歌，择优使用。魏收等人都参加了，但这些人每人能被选上一两首就了不起了，只有卢思道一个人，被选上了八首。时人称之为"八米卢郎"。

卢思道少有文名，自恃才高，经常看不起人，因此一生官运不佳。他的文章以《劳生论》最负盛名，对北齐、北周官场中趋炎附势之徒的丑态进行了描绘和嘲讽。现当代学者钱锺书称之为"北朝文章的压卷之作"。

李德林才几岁的时候，就能背诵左思的《蜀都赋》，朝中大臣高隆之赞叹不已，对大家说："再过几年，这个孩子必成天下伟器。"京城人听说李家出了个小天才，都来观看，李家每天车马不绝。

李德林十五岁时，文章已写得很好。前辈文人魏收对李德林父亲说："你的儿子快赶上文坛前辈温子昇了。"高隆之大笑，说道："你这是嫉贤妒能。何必说温子昇，就说你就行。"

南陈文学家江总曾评价李德林说："这个人是北方的英杰啊！"李德林还没来得及取字，父亲就去世了，魏收对他说："你是个天才，将来必定能成为三公、辅政，我看就用'公辅'作你的字吧！"

李德林带着任城王高湝（jiē）的推荐信去见尚书令杨遵彦。推荐信是这样说的："论文章和学识，这是国家栋梁之材。让他干国家大事，必定成为贾谊、晁错一流；让他干文学，也会成为司马相如、扬雄之辈。"杨遵彦让李德林当场作文，李德林文不加点，一挥而就。杨遵彦看呆了，叫来陆昂一起欣赏。陆昂说："已领教过他的文笔，如长江黄河，浩浩东流，其他人所写，不过涓涓细流。"

北周灭了北齐，周武帝特意派人上门对李德林说："平定北齐，最大收获就是得到了您。"武帝更是高兴地对群臣说："我早就听说了李德林的名字，等读到他为齐国写的诏书、檄文，只觉得他是天上人。今天能够得到他为我效力，真是快慰之事。"

薛道衡是隋代文学成就最高的诗人，他代表隋朝出使南朝陈，写诗道："入春才七日，离家已二年。"陈国人嘲笑他说："这是什么话啊？你们北方人会作诗吗？"薛道衡没搭理，接着写："人归落雁后，思发在花前。"这时，陈国人佩服道："果然是大国来的，名不虚传！"

薛道衡写诗作文，必须得在极其安静的环境中，不能受一点干扰。每当要构思重要的文章，薛道衡就独自坐在空斋中，门外稍有声音，他就会特别生气。

隋炀帝也是诗人，自视甚高，宣称论作诗也应该是他当皇帝。薛道衡诗作得好，隋炀帝就找了个借口杀了薛道衡，还说："看你还怎么作'空梁落燕泥'这样的好诗句？"著作郎王胄的《燕歌行》写得好，隋炀帝也杀了他，说道："看谁还能作'庭草无人随意绿'这样的好诗句？"

名将杨素也有文才，年轻时深得北周武帝的喜欢，武帝对他说："好好努力，不要担心富贵。"杨素应声答道："我无心富贵，只怕富贵逼我而来。"成语"富贵逼人"就是这么来的。

杨素曾经写了一首七百字的五言长诗给薛道衡，写得非常好，一时传为佳话。可惜的是，在这之后没多久，杨素就去世了。薛道衡感叹地说："圣人说得真是没错啊！'人之将死，其言也善。'杨素一生没写过几首好诗，他死前这首算得上'善'了。"

初唐气象：王杨卢骆当时体

王绩　杨炯　王勃　卢照邻　骆宾王　宋之问　沈佺期
陈子昂

文学史上，神童数不胜数，唐初诗人王绩不一样的地方是，他少年时到长安拜见宰相杨素，满座公卿被他的才华所震惊，给他取了一个外号——"神童仙子"。

王绩爱喝酒，在隋末做一个县的县丞，因为只喝酒不干活，被人弹劾，王绩索性辞了官，回家隐居。隐居期间，王绩学会了自己酿酒，还把历代酿酒的方法编成一本书。他仿照陶渊明的《五柳先生传》，写了一篇《五斗先生传》。"五斗"，是说酒量有五斗；哪里有酒局，哪里就有这位"五斗先生"，他每喝必醉，"醉则不择地斯寝矣，醒则复起饮也"。

唐朝建立后，王绩又应征出来做官。有人问他做官的感受，王绩回答："薪水没多少，就是每天免费供应三升酒，这个我喜欢。"上级听说后，说道："王绩人才难得，三升酒太少，增加到一斗。"当时人称王绩为"斗酒学士"。

"初唐四杰"都是少年成名。王勃写作《乾元殿颂》时，应该只有十五六岁。唐高宗得知作者如此年少，叹为神童，说道："奇才，奇才，我大唐奇才！"王勃为之文名大振。

王勃在沛王李贤的手下任职。李贤与英王李显斗鸡，王勃特意为李贤写了一篇《檄英王鸡文》，为李贤助战。——此举就相当于两个小朋友不学习，上课的时候玩石头剪刀布游戏；王勃不进行劝诫，还在一旁煽风点火，帮其中一人写文章来嘲讽对手。所以唐高宗知道后，大为不悦，叹道："歪才，歪才！"把王勃赶出了沛王府。

王勃写作时有个神奇的习惯。作文之前，先准备好笔墨纸砚，再痛饮一番，然后躺在床上，把被子往脸上一盖，睡觉了。睡醒之后，开始提笔作文，不一会儿，一篇文章完成，卷面干干净净，一个字都不用修改。因此，人们都说王勃在睡梦中打好了腹稿。**"腹稿"**一词就是这么来的。

王勃最传奇的事迹是写作《滕王阁序》。当时他父亲被贬海南，王勃去探望，路经南昌，正值滕王阁新修完成，当地文武官员都聚集在一起进行庆贺。当地主官阎某，有意想让自己的女婿当众作文纪念修楼一事，不料王勃冒冒失失地站了出来，当众提笔就写，一挥而就，文不加点，文辞典雅，震撼当场。

《滕王阁序》的末尾，王勃写了一首诗："闲云潭影日悠悠，物换星移几度秋。阁中帝子今何在？槛外长江空自流。"王勃故意把最后一句中的"空"字空着，就告辞而去。大家发现空字后，纷纷猜了起来，有人说是"水"字，有人说是"独"字……争论不下，最后派人送上纹银千两，找到王勃，王勃这才给出标准答案：空者，"空"也。

诗人杨炯恃才傲物，尤其看不惯有些人的虚伪、装，他把这种装的行为称为"麒麟楦"。楦（xuàn），做鞋时用来定型的木制工具。"麒麟楦"是什么意思呢？杨炯解释说："麒麟是珍稀物种，有些人喜欢把自己装扮成麒麟来骗人。就像杂耍艺人给驴子披上纸或布，外面画成麒麟的样子，看上去像真的一样。但是一去掉外面这张皮，其实就是头驴子！"

杨炯和王勃、卢照邻、骆宾王齐名，合称"初唐四杰"，大家习惯上称王杨卢骆。对于这个排名顺序，杨炯很不以为然，他说："把我排在卢照邻的前面，我实在感到愧疚得很。不过王勃算老几，竟然敢排到我的前面去——我不服！"即"愧在卢前，耻居王后"。

卢照邻的代表作《长安古意》，其中有一句："梁家画阁中天起，汉帝金茎云外直。"讽刺东汉外戚梁冀生活豪奢，却不小心得罪了一个人——武则天的侄儿武三思。武三思被封梁王，他觉得卢照邻是在骂自己，便将卢照邻抓起来，关进监狱。经友人多方营救，卢照邻才得以幸免。

初唐诗人骆宾王，字观光，名和字来源于《易经》中的一句话："观国之光，利用宾于王。"骆宾王有"神童"之称，历来传唱于蒙学之童的《咏鹅》一诗，就是他七岁时所作。

武则天当政时，骆宾王多次上书讽议朝政，被投入监狱。在狱中，他写下了《在狱咏蝉》一诗："无人信高洁，谁为表予心？"后来弃官游广陵，作诗明志："宝剑思存楚，金锤许报韩。"春秋时，楚王靠着太阿宝剑救下了楚国；秦朝时，韩国后裔张良雇大力士用铁锤刺杀秦始皇。骆宾王用这两个典故，来暗示自己将要反抗武则天、保护李唐江山的心思。

武则天称帝时，名将李勣的孙子徐敬业起兵造反，骆宾王为他写了一篇《讨武氏檄文》。武则天读檄文，读到"蛾眉不肯让人……狐媚偏能惑主"，微微一笑；读到"一抔之土未干，六尺之孤安在"时，问道："这是谁的手笔？"当听说作者是骆宾王后，武则天叹息道："这样的人才没有在朝廷做官，而站在了徐敬业一边，真是宰相的失职啊！"

徐敬业造反失败后，骆宾王不知所终。一天夜里，诗人宋之问经过杭州灵隐寺，于月下作诗，写完"鹫岭郁岧峣，龙宫隐寂寥"两句后，就思路断了。正在纠结中，一个老和尚随口替他续了两句："楼观沧海日，门对浙江潮。"宋之问听后连声叫好，第二天再去找老和尚，发现人已经不见了。传说这位老和尚就是隐姓埋名的骆宾王。

诗人沈佺期对格律诗发展贡献很大，和宋之问并称"沈宋"。有人推他的七言律诗《独不见》为"唐人七律第一"（另一种观点是推崔颢《黄鹤楼》为七律第一）。当时写律诗的都推崇沈佺期，张说就曾对他说："沈三兄啊，您排行第三，诗作第一。"

成语"夺锦之才"，指有夺取锦袍的才学，形容才华出众，后来居上。这个典故与诗人宋之问有关。一次，武则天宴请群臣，席间令大家作诗，写得最好的有奖，奖品是一件锦袍。有个叫东方虬的，第一个完成，当众朗诵。武则天听了，连声称好，就把锦袍赐给了他。不料东方虬刚接过奖品，宋之问也交卷了，他写的是一首长诗《龙门应制》，词句华丽优美。众人一致称赞，武则天也是赞叹不已，赞道："此诗更高！"于是东方虬刚到手的锦袍，又被宋之问夺得了。

宋之问早年在朝廷走上层路线，晚年到江浙一带做官，心态慢慢改变，诗歌创作也为之一变。他写作《祭禹庙文》道："酌镜水而励清，援竹箭以自直；谒上帝之休佑，期下人之苏息。"表示要像镜湖水一样清廉，像竹子一样正直，向大禹学习，与民休养生息。

刘希夷是宋之问的外甥，他有一首《代悲白头吟》，其中名句如："今年花落颜色改，明年花开复谁在？""年年岁岁花相似，岁岁年年人不同。"宋之问特别喜欢后面这两句，就恳求刘希夷把这两句让给他。刘希夷没同意，宋之问一怒之下，派人把他谋害了。——当然，此事只是传说。也有说法认为，害死刘希夷的其实是写《春江花月夜》的诗人张若虚。

提到初唐诗人的开创之功，很多人只知道"初唐四杰"，其实陈子昂才是初唐诗风革新的最重要人物，张九龄、李白、杜甫都深受他的影响。南宋文学家刘克庄的评价最全面，他说：唐初王勃、杨炯、沈佺期、宋之问等名声极大，但他们的诗并没有完全跳出南朝诗风的影响，直到陈子昂，"首倡高雅冲淡之音，一扫六代之纤弱"。

陈子昂早年带着自己的诗集闯荡长安，折腾了十年还是不名一文。这天，街上有人卖古琴，要价高得离谱，人们觉得稀奇，都来围观。陈子昂灵机一动，当即花大价钱买下此琴，然后邀请众人来欣赏他的古琴演奏。等人们都来了，陈子昂把价值百万的古琴用力往地上一摔，看也不看，而是拿出自己的诗集，一边向人分发，一边说："我陈子昂的诗文，比起这古琴来，价值可高多了！"经此一举，陈子昂一下子名响京城。

诗人元万顷跟从李勣征高丽。一次，元万顷所在部队不能按时到达，将领让元万顷写信把情况报告给李勣，为了保密，元万顷作了首离合诗。李勣收到信，很恼火，说："军情紧急，这个姓元的还有心情作诗。等见到他把他砍了！"后来元万顷一再解释，李勣才没有处罚他。

元万顷为人放浪不羁，为文也不注意细节。征高丽一役中，元万顷作檄文，其中有一句："不知守鸭绿之险。"高丽大将一看，说道："多谢提醒！"由此唐军受挫，元万顷被抓起来流放岭南。

唐初诗人郑世翼，少年气盛，有一回见到诗人崔明信，问道："听说'枫落吴江冷'是你写的，我非常欣赏。能欣赏一下你的其他诗作吗？"崔明信见是个热心"粉丝"，很爽快地拿出自己的诗集给郑世翼看。郑世翼翻开，才看了几首，撇撇嘴，失望地说："你这些诗配不上你这么大的名声啊！"说完看也不看崔明信，把诗稿一扔，走了。

唐代是诗的盛世，人人都能写诗。唐太宗死后，武则天被迫削发为尼。在寺里，她写下了给高宗李治的情诗《如意娘》："看朱成碧思纷纷，憔悴支离为忆君。不信比来长下泪，开箱验取石榴裙。"意思是，因为思念你，我整日里精神恍惚、魂不守舍，把红色看成了绿色；我相思难禁，以泪洗面，你若是不信，大可以打开箱子来看，石榴裙上泪迹斑斑。这里"看朱成碧"，还有石榴裙被泪水打湿，由红色褪成绿色的意思。

传说某日大雪，武则天酒后作诗一首："明朝游上苑，火速报春知。花须连夜发，莫待晓风吹。"意思是，女皇我明天早上要游园看花，所以命令春神，必须让百花提前开放。到第二天，果然百花开放，只有牡丹花没有开。武则天勃然大怒，将牡丹花统统移出长安，"发配"到洛阳。

武则天时期，有一位女诗人很出名，这便是上官婉儿。上官婉儿是上官仪的孙女，上官仪也是诗坛名人，他的诗歌追求形式，内容空洞，被称为"上官体"。上官仪因反对武则天而被杀，还是婴儿的上官婉儿随母亲被发配为奴。但长大后的上官婉儿聪慧机灵，很有才华，武则天很喜欢她，免去她奴婢的身份，并让她掌管宫中诏书起草。

上官婉儿快出生时，母亲郑氏梦见一个巨人给了她一杆秤，说："此秤可称量天下之士。"郑氏想着生下来的应该是个男孩，谁知却是女儿。上官婉儿满月时，郑氏抱着婉儿逗笑道："你将来要称量天下士子吗？"婉儿咿咿呀呀地应着。到了唐中宗、武则天时期，上官婉儿身居高位，代表朝廷品评天下士子诗文，果真成了"称量天下士"。

盛唐诗圈：千树万树梨花开

贺知章　王维　孟浩然　王昌龄　高适　王之涣　岑参
李白　杜甫

诗人贺知章很有亲和力，宰相陆象先非常喜欢他，经常说："老贺说话有名士风范，我一天不见他，就觉得自己俗了不少。"

唐朝前期，科举考试还不成熟，能不能中状元，既要看个人才华，更要看推荐人的地位。王维到长安参加科举考试，岐王李范给他出主意，说："我带你去见九公主。你把你的诗作，抄写几篇；创作的琵琶新曲，准备一首。"到了九公主府上，王维当众弹了一首琵琶曲，公主很满意。王维又拿出准备好的诗卷呈送给公主，公主一读大惊，说："这都是我平时喜欢读的诗，以为是哪位古人的作品，想不到是年轻人你写的！"当即许诺给王维一个状元。

"安史之乱"中，王维被俘。因为他名气大，安禄山强迫他做官，王维不得不接受，但内心很苦闷，曾写诗道："万户伤心生野烟，百官何日更朝天。秋槐叶落空宫里，凝碧池头奏管弦。""百官何日更朝天"，什么时候我们可以重回到皇帝的身边呢？后来安禄山打了败仗，王维又成为唐军的俘虏，被关押起来，准备处死。王维当即拿出这首诗，证明自己对李唐王朝的忠心，唐代宗听说后，赦免了他。

孟浩然诗才突出，但是一直没做上官。他快四十岁时第一次进京考试，结果没考中。有一天，机会终于来了，孟浩然正在王维办公室聊天，玄宗皇帝突然驾临，王维趁机向皇帝推荐孟浩然。皇帝问孟浩然最近写了什么诗，孟浩然念了自己颇为得意的几首，念到"不才明主弃，多病故人疏"时，皇帝皱起眉头来，说道："你没跟我求过官，怎么就能说我抛弃了你呢？我还是很惜才的，你可不能动不动就冤枉人。"说完就走了。孟浩然离做官最近的一次机会，就这样丢了。

王之涣、王昌龄、高适，都是唐朝边塞诗人的代表。一天，三人在一起喝酒，遇上歌伎斗歌，王昌龄说："我们几个，一直不分高下，今天就以歌伎演唱我们诗作的多少，来定排名。"这时，一个歌伎唱了起来，连唱了王昌龄的两首绝句，另一个接着唱了高适的一首。王之涣脸上有点挂不住了，说道："这些人都是唱通俗歌曲的，不登大雅之堂，我的诗，得最出色的歌伎来唱。"刚说完，名声最大的一个歌伎唱了起来："黄河远上白云间，一片孤城万仞山。羌笛何须怨杨柳，春风不度玉门关。"唱完又唱了两首王之涣的。三个人大笑，王之涣得意了，说："看，我说的没错吧！"

高适对边塞诗派有着重要作用。写边塞，苍茫而不凄凉，赋送别，荒渺而不凄切，开一代诗风。

岑参诗歌的特点就是好奇，不仅有善于发现"奇"的眼睛，如"山风吹空林，飒飒如有人""崖口悬瀑流，半空白皑皑"等；而且好发奇思，脍炙人口的"忽如一夜春风来，千树万树梨花开"，便是一例。

王昌龄是进士出身，但是官运不佳，一直在底层混。一次，他调任江宁丞，故意迟迟不去报到，在洛阳一住就是半年，每天借酒消愁。到江宁后，也是到处游玩，消极怠工。洛阳的亲友都担心他，于是，王昌龄借送别辛渐之机，写下了《芙蓉楼送辛渐二首》，其中的名句"洛阳亲友如相问，一片冰心在玉壶"，千古传诵。

王昌龄和李白，一见如故，情谊深厚。王昌龄写了一首《巴陵送李十二》给李白："摇曳巴陵洲渚分，清江传语便风闻。山长不见秋城色，日暮蒹葭空水云。"李白对王昌龄也念念不忘，后来听说他被贬为龙标尉，特地写诗去安慰："杨花落尽子规啼，闻道龙标过五溪。我寄愁心与明月，随风直到夜郎西。"

李白喜欢喝酒。在山东任城时，和孔巢父、韩准、裴政、张叔明、陶沔以酒相交，人称"竹溪六逸"。在长安时，经常和贺知章、李适之、汝阳王李琎（jìn）、崔宗之、苏晋、张旭、焦遂等人喝酒，人称"饮中八仙"。晚年时，在牛渚矶边喝醉了酒，看到长江中的月亮，伸手去捞，结果溺水而死。

李白初到长安，碰到贺知章，投上所作诗歌。贺知章读得津津有味，到《蜀道难》时，更是大加赞叹，称之为"谪仙人"（你是从天上贬谪人间的仙人啊）。于是结为忘年交，天天在一起饮酒作诗，喝得兴起，贺知章把身上佩戴的金龟都解下来当了。

贺知章把李白推荐给玄宗皇帝。皇帝在金銮殿召见，李白把皇帝吹捧了一番，又当场作颂一篇献给皇帝。皇帝读后非常开心，让李白做了翰林院学士。传说李白得宠时，唐玄宗曾亲自给他调羹，权宦高力士则给他脱靴。皇帝要李白写诏书，找不到人，原来李白在大街上已喝得大醉。杜甫把这件事写进诗里，就是："李白斗酒诗百篇，长安市上酒家眠。天子呼来不上船，自称臣是酒中仙。"

一年，皇宫牡丹花盛开，唐玄宗与杨贵妃一同赏花，又叫来李白赋诗记游。李白便创作了《清平调》这组诗，其中有：云想衣裳花想容，春风拂槛露华浓。赞美杨贵妃和牡丹花一样美。

李白不是政务之才，唐玄宗便赠他一笔钱，把他解聘了，李白从此四处游玩。按规定，所有人经过衙门前都要下马步行，有次李白喝醉了，骑着驴子大摇大摆地从华阴县衙门前经过。县令大怒，叫人把李白架过来，责问他是什么人，胆敢在县衙前骑驴。李白拿笔写道："我是谁？我曾经用龙巾（皇帝用的手帕）擦口水，让皇帝亲自调羹，贵妃帮忙捧砚，高力士给我脱靴。天子门前，尚容走马；华阴县里，不得骑驴？"写完把笔一扔，长笑而去。

李白在金陵（今江苏南京）遇见诗人崔成甫，两人成了很要好的朋友。他们游秦淮河时，通宵达旦地唱歌，两岸人家拍手为他们助兴。分别时，崔成甫写了一首《赠李十二白》："我是潇湘放逐臣，君辞明主汉江滨。天外常求太白老，金陵捉得酒仙人。"前两句是说两人都官场失意，同病相怜；后两句是夸李白。李白很高兴，把崔成甫的诗系在自己的衣服上，没事就翻出来吟诵一番。

"粉丝"汪伦给大诗人李白写信，邀请他到家中做客，信里写的是："先生好游乎？此处有十里桃花。先生好饮乎？此处有万家酒店。"李白经不起诱惑，欣然前往，却一无所见。汪伦解释说："十里桃花者，十里外潭水名也，并无十里桃花。万家酒店者，酒店老板姓万，并非有万家酒店。"李白听后大赞。——你吹牛的本事快赶上我了！

诗人杜甫从小好学，七岁能作诗，"七龄思即壮，开口咏凤凰"；长大后立志高远，要"会当凌绝顶，一览众山小"，要"致君尧舜上，再使风俗淳"。但他也有少年顽皮的一面："忆年十五心尚孩，健如黄犊走复来。庭前八月梨枣熟，一日上树能千回。"说自己十五岁还跟孩子一样，像小牛犊一样动个不停；到了梨枣成熟时节，一天能爬树上千来回。

杜甫在齐鲁与李白相见，饮酒赋诗，相谈甚欢。杜甫赠李白诗："余亦东蒙客，怜君如弟兄。醉眠秋共被，携手日同行。"李白回赠道："秋波落泗水，海色明徂徕。飞蓬各自远，且尽手中杯！"不久，两人分别，之后再也没有见面。

"安史之乱"中，杜甫寄居成都，生活很苦。他说："厚禄故人书断绝，恒饥稚子色凄凉。""痴儿不知父子礼，叫怒索饭啼门东。"描写孩子饿了，吵着要饭吃，没吃的就在东门外号哭。到了秋天，杜甫家的屋顶被大风刮走，一家人彻夜难眠，杜甫写下了《茅屋为秋风所破歌》一诗，其中"安得广厦千万间，大庇天下寒士俱欢颜"一句，被后世不断传诵。

一般说法认为，杜甫晚年在湖南期间，碰上兵乱。他坐着小船东躲西逃，天涯漂泊，最后在寒冷的冬天，死在一条由潭州（今长沙）往岳阳的小船上。

诗人祖咏参加科举考试，诗题六韵十二句的五言排律《终南望余雪》，他只写了四句就交卷了："终南阴岭秀，积雪浮云端。林表明霁色，城中增暮寒。"主考官问他怎么写这么短，祖咏答道："意思已经写尽，无须再画蛇添足。"

崔颢作诗很用功。一次他病了，身体虚弱，朋友跟他开玩笑，说道："你不是病得厉害，是作诗太苦，把自己累成瘦猴了。"

崔颢的《黄鹤楼》一诗相当有名，被后人推为"唐人七律第一"。一次，李白到黄鹤楼游玩，正准备在墙上作诗，一抬头看到崔颢的诗，当即叹道："眼前有景道不得，崔颢题诗在上头。"把笔一扔，下楼而去。

沈千运是唐玄宗时期人，一生落魄，终身不第，不得不回乡隐居，写诗道："栖隐非别事，所愿离风尘。不辞城邑游，礼乐拘束人。"意思是受不了礼乐拘束。又说："衡门之下，可以栖迟。有薄田园，儿稼女织，偃仰今古，自足此生。谁能作小吏，走风尘下乎？"总之是，当官要跟在长官后面的尘土里跑，还不如在乡下自耕自食，自给自足，自娱自乐。

《枫桥夜泊》一诗的作者张继，很有气节，曾有一首《感怀》诗写道："调与时人背，心将静者论。终年帝城里，不识五侯门。"表明自己的与众不同、不合时宜，哪怕常年生活在长安城，却从没登过达官贵人的门。

张继死在盐铁判官任上，虽是肥差，他却清廉正直。朋友刘长卿作悼诗《哭张员外继》，写道："世难愁归路，家贫缓葬期。"意思是，因为张继的清廉，张家穷得连葬礼都办不起。

诗人李华和萧颖士是朋友，李华自认为作文胜过萧颖士，就写了篇《祭古战场文》，故意做旧，放在阁楼上。然后趁着某天萧颖士在的时候，李华假装"发现"了此文。两人看后，李华问："这文如何？"萧颖士说不错。李华问："今天的作家里谁能写出这样的文章？"萧颖士说："你再用用功就可以写出来。"一句话说得李华不知道该如何炫耀了。

李华写了一篇碑文《鲁山令元德秀墓碑》，书法家颜真卿为其书写，雕刻家李阳冰为其篆额。后人称之为"三绝碑"。他有一首诗也写得极好："宜阳城下草萋萋，涧水东流复向西。芳树无人花自落，春山一路鸟空啼。"宜阳在洛阳附近，"安史之乱"后，城池破败，人口凋零，曾经的热闹地，如今杂草丛生，春花无人赏，鸟鸣无人听，一派落寞景象。

诗人元结喜欢喝酒，作诗道："有时逢恶客。"自注："非酒徒，即恶客也。"——世上只有两种人，一种是酒徒，一种是恶客。

小说家张鷟（zhuó）有文才，诗人员半千评价他："张先生的文章犹如青铜钱，随手一挑都有用，永不过时。"时人称之为"青钱学士"。

大历诗风：曲终人不见，江上数峰青

韦应物　刘长卿　钱起　卢纶　李益　韩翃　李端

唐代田园诗创作中，有四人最著名，合称"王孟韦柳"，即王维、孟浩然、韦应物、柳宗元。韦应物也被认为是大历时期最杰出的诗人，他最著名的诗句："春潮带雨晚来急，野渡无人舟自横。"一句即出，千古传诵。还有一句诗，一度在今天的中文互联网上很火，那就是"我有一瓢酒，可以慰风尘"。

韦应物年轻时是个不读书、不务正业的刺头儿。他晚年有一首诗，回忆自己的过往："少事武皇帝，无赖恃恩私。身作里中横，家藏亡命儿。朝持樗蒲（chū pú）局，暮窃东邻姬。……读书事已晚，把笔学题诗……"十五岁成为皇帝卫队的一员，仗着这个身份，打架斗殴，包庇犯罪，成为一霸；每天不是聚众赌博，就是饮酒作乐，书不读、字不识。直到"安史之乱"后，受了刺激，韦应物才幡然醒悟，开始努力学习，后来还考上了进士。

当时，韦应物的诗很出名，皎然模仿着写了几首，寄给韦应物。韦应物读后都被迷惑了。第二天，皎然又抄了几首自己写的去见韦应物，韦应物才明白过来，说道："每个人各有其天赋，显示出不同特点。你没有必要过分学我，那样会失去你的特色。但率性而为，定会自成一派。"皎然听后钦佩不已。

刘长卿写诗，落款只写名字"长卿"，不写姓，因为他觉得，天下读书人谁不知道"刘长卿"这个名字？提起"长卿"，必然知道是姓刘，所以不用再画蛇添足写上姓。刘长卿工于五言诗，自诩为"五言长城"。意思是，在五言诗创作这个领域，他刘长卿就是万里长城般的存在。

刘长卿自视甚高，看不上同时代的其他诗人，曾说："今天人评论诗歌，说前有沈佺期、沈之问、王勃、杜审言等人，现今有钱起、郎士元、刘长卿、李嘉祐等人。哼，郎士元、李嘉祐算老几，竟然把我和他们放在一起？"其中钱起被称为"大历十大才子"之首，钱起和刘长卿并称"钱刘"。

众所周知的《逢雪宿芙蓉山主人》一诗，正是刘长卿的代表作，"日暮苍山远，天寒白屋贫。柴门闻犬吠，风雪夜归人。"短短二十字，有景有声，令人回味无穷。他还有一首《送灵澈上人》，其中"荷笠带斜阳，青山独归远"一句，很有名。

诗人钱起的名句，"曲终人不见，江上数峰青"，是他在科举考试中写下的。此句一出，考官们个个击节赞叹，认为"这不是人能写的，有神灵帮助"。这两句诗也确实是"神灵"教给钱起的。一次，钱起夜里赏月散步，听到门外有人在吟诗，吟来吟去就那么两句："曲终人不见，江上数峰青。"钱起好奇之下推门去看，门外却空无一人。钱起记住了这两句诗，用到考试中，因而高中榜首。

卢纶的军旅边塞诗写得极有生气，为"大历十大才子"其他诗人所难及。他的《塞下曲》被选入今天的语文课本，"月黑雁飞高，单于夜遁逃。欲将轻骑逐，大雪满弓刀。""林暗草惊风，将军夜引弓。平明寻白羽，没在石棱中。"今人都耳熟能详。

"大历十大才子"之一的崔峒，诗歌在当时诗坛很受推崇，人们说他的诗犹如沙中的金子，只要用心读，就会捡到宝。

李端作诗既快又好。名将郭子仪的儿子郭暧和升平公主新婚，宴请一帮文士。酒宴上，公主请李端作诗，李端很快就写好了。其中有"熏香荀令偏怜小，傅粉何郎不解愁"等句，"熏香荀令"指汉末荀彧，荀彧爱熏香，久而久之自带香气，所到之处，三日余香；"傅粉何郎"指三国何晏，何晏皮肤白里透红，像抹了粉一样好看。这自然是赞美新郎的，公主很高兴，其他人也连连赞叹。

李益的诗名很大，每写一篇，宫廷音乐官都花重金购买，谱曲唱给皇帝听。李益流传下来的名句很多，如"早知潮有信，嫁与弄潮儿""问姓惊初见，称名忆旧容""开门复动竹，疑是故人来""从此无心爱良夜，任他明月下西楼""不知何处吹芦管，一夜征人尽望乡""几处吹笛明月夜，何人倚剑白云天"等。

李益还是著名传奇小说《霍小玉》中的主人公。李益原先与霍小玉相恋，后来弃之而去，霍小玉相思成疾而死。一般认为，这个小说中所发生的故事是真实的，"李益"因此成为负心人的典型。

韩翃（hóng），"大历十大才子"之一，他仕途不得意，年纪大了后给人当幕僚。唐德宗时，朝廷需要一个起草诏书的人，中书省一连推荐了好几个，德宗都不满意，最后直接在推荐书上批示："让韩翃来。"当时有两个韩翃，一个在地方任刺史，一个就是当幕僚这位。宰相问皇帝相中的是哪一个，德宗批复道："就是写'春城无处不飞花'的那个韩翃。"**春城无处不飞花，寒食东风御柳斜。日暮汉宫传蜡烛，轻烟散入五侯家**"，正是韩翃的名作《寒食》一诗。

长安慈恩寺的墙上有很多文人题诗，章八元的诗作也在其中。后世大诗人元稹、白居易来游玩时，把认为不好的都铲除了，只留下了章八元的。尤其是其中有一句："**却怪鸟飞平地上，自惊人语半天中。**"两人读了又读，赞叹道："章八元果然名不虚传。"

章八元之子章孝标，科举进士及第后，特别兴奋，给朋友写信说："及第全胜十政官，金鞍镀了出长安。马头渐入扬州郭，**为报时人洗眼看。**"——我科场高中、镀金归来，你们好好洗洗眼睛再来看我吧！老上级李绅知道了，写诗劝他低调："假金方用真金镀，若是真金不镀金。十载长安得一第，何须空腹用高心。"长安游学十年才考中进士，用得着这么目空一切吗？由此产生一个成语"**空腹高心**"，形容没有真才实学却眼高于顶。

王季友很有才，据说他是江西省历史上第一位科举状元，因为看不惯权相李林甫，便主动辞官，回乡隐居。王季友家境贫寒，妻子嫌弃他，把他给"休"了。杜甫的长诗《可叹》写的就是这件事（名句"**天上浮云如白衣，斯须改变如苍狗**"便出自此）。王季友自己也有诗感叹生活的艰难："……雀鼠昼夜无，知我厨廪贫。依依北舍松，不厌吾南邻。……"家里穷得连麻雀、老鼠都不愿光顾，只有门外的松树，不嫌弃我穷，肯跟我做邻居。

顾况拜李泌为师学习修道，后来李泌当了宰相，顾况自以为能跟着当大官，谁知过了好久才被提拔为著作郎。李泌死后，顾况因事被贬，作诗《海鸥咏》："万里飞来为客鸟，曾蒙丹凤借枝柯。一朝凤去梧桐死，满目鸱鸢奈尔何。"诗里说，我就是一只海鸥，不远万里飞来，因为凤凰（李泌）的关照，得以做上了官；而今凤凰已死，所见的都是鸱(chī)、鸢这些恶鸟（奸人），好无奈啊好无奈。

　　写《茶经》的陆羽，名字是从《易经》中来的。他刚生下来时因为长得奇丑无比，遭到父母抛弃，被一位禅师抱回寺里收养。长大后，陆羽用《易经》中的爻辞给自己取名："鸿渐于陆，其羽可用为仪。"于是以陆为姓，羽为名，鸿渐为字。

　　陆羽喜欢一个人在旷野之间走，边走边朗诵诗歌，一直走到黑夜，然后痛哭而回。时人都把他比作古代的隐士接舆。

　　诗人戎昱在湖南游玩，官员崔瓘很喜欢他，想把女儿嫁给他，但是认为戎姓不祥，希望他能改姓。戎昱听说后，作诗回复道："千金未必能移姓，一诺从来许杀身。"——想让我改姓，多少好处都不行！

　　唐宪宗时，少数民族入侵，大臣提出和亲。唐宪宗说："有个诗人，姓名冷僻，一下子记不起来了。"经过提醒，大家才知道说的是戎昱。宪宗说道："我记得他写过一首《咏史》诗，里面有一句'社稷依明主，安危托妇人'。他说得多好啊！国家危难时刻，怎么能够靠牺牲女性来解决问题呢？"

韩孟诗派：一生空吟诗，不觉成白头

韩愈　孟郊　贾岛　李贺　卢仝　刘叉

唐代的诗歌革新，从初唐就开始了，而文章革新，则自韩愈起。韩愈鄙弃六朝骈文，推崇和倡导古体散文，史称"古文运动"。因为其在古文创作和理论上的成就，韩愈被尊为"百代文宗"，"唐宋八大家"之首，后世苏轼称赞他"文起八代之衰"。与柳宗元并称"韩柳"，与柳宗元、欧阳修和苏轼合称"千古文章四大家"。

韩愈为人大气，待人真诚，不以势利眼看人，也从不因为自己地位的变化而改变对朋友的态度。他年轻时和孟郊、张籍相交，对这二位一直不遗余力地揄扬，对贾岛有提携之恩，对刘叉有收留之义，与刘禹锡、柳宗元交情深厚。

李贺第一次来拜访韩愈。当时韩愈名满京城，来拜访者很多，这天刚送走一批客人，正准备休息。仆人递上李贺的诗集，韩愈打开来一看，第一首正是《雁门太守行》："黑云压城城欲摧，甲光向日金鳞开。"韩愈一看，好诗！也不困了，赶紧把李贺请进来相见。

韩愈与人登华山，上去的时候不觉得险峻，要下山时，把自己吓哭了，遗书都写好了。后来还是当地县令想出办法，把他灌醉后，让人背下山来。

韩愈曾被贬潮州，听说当地鳄鱼为害，便写了一篇《祭鳄鱼文》，烧化后扔进江里。韩愈在文中说："鳄鱼鳄鱼，限你们三天之内，带同族类出海，不然严处！"这之后，潮州再也没有发生过鳄鱼吃人的事情了。为了纪念此事，人们把韩愈烧文祭鳄鱼的地方称为"韩埔"，渡口称为"韩渡"，大江称为"韩江"，江对面的山称为"韩山"。

孟郊性格孤僻，不和人交往，却和韩愈关系很好。孟郊诗好，韩愈文章好，并称"孟诗韩笔"。二人在文学追求上有相同之处，主张不平则鸣，"以丑为美"，反对大历时期的诗歌风格，世称"韩孟诗派"。后人把李贺、贾岛、卢全、刘叉等都列为这一派。

孟郊家境贫寒，四十六岁时奉母命第三次应试，终于考取进士，他随即东归，告慰母亲。孟郊对母亲的感情很深，他的《游子吟》非常出名："慈母手中线，游子身上衣。临行密密缝，意恐迟迟归。谁言寸草心，报得三春晖？"

孟郊被分配到今江苏溧阳做县尉，这显然不是他想要的工作，所以消极怠工，每天只喝酒、弹琴、作诗。县令举报他不务正业，上级决定把孟郊的工资分出一半，另找一人代他干活。工资少了一半，孟郊穷得受不了，只好辞官。

孟郊除了作诗，不懂得谋生，一贫如洗，但从未向人乞怜。由此，他的诗也多写自己遭遇的悲苦，如"借车载家具，家具少于车"，搬次家，家具装不满一辆马车；"吹霞弄日光不定，暖得曲身成直身"，冬天取暖靠太阳，结果太阳还总被云霞遮挡；"愁人独有夜烛见，一纸乡书泪滴穿"，我的愁苦只有蜡烛见到了，写家书的时候，眼泪吧嗒地往下掉……评论者认为他气度窘迫，他也确实一生落魄，只做了个小官。

孟郊的诗有时故意在句式上打破常规，如"藏千寻布水，出十八高僧""磨一片嵌岩，书千古光辉"，上一下四，给人新鲜的艺术感受。

"郊寒岛瘦"，孟郊、贾岛两人官职卑微，一生穷困，一生苦吟。孟郊有一句"一生空吟诗，不觉成白头"，贾岛有一句"一日不作诗，心源如废井"，代表了两人的鲜明特色：寒和瘦。

贾岛和孟郊齐名，韩愈有一首诗，对两人评价很高："孟郊死葬北邙山，日月风云顿觉闲。天恐文章声断绝，再生贾岛向人间。"意思是，自从孟郊去世后，文坛乏善可陈，老天担心文脉断绝，所以降下贾岛来重振文学事业。孟郊比贾岛早出生近三十年，孟郊去世时，贾岛正当壮年（三十五岁）。

唐代诗人中，李白是"诗仙"，杜甫是"诗圣"，白居易是"诗魔"；贾岛也有一个外号，人称"诗奴"，又称"苦吟诗人"。"诗奴"和"苦吟"，都是说贾岛作诗很苦，用他自己的话来说就是："两句三年得，一吟双泪流。知音如不赏，归卧故山秋。"每到除夕，贾岛把一年来的诗稿放在案板上，焚香跪拜，说道："这是今年辛苦所作。"然后痛饮几杯，一杯敬诗歌，一杯敬自己。

贾岛早年为了生活，就去当了和尚，法号无本。寺庙规定：午后不得出寺。贾岛觉得自己的自由心灵被束缚了，写诗叹道："不如牛与羊，犹得日暮归。"——牛呀羊呀，每到太阳落山时还可以回家呢，可怜我却还要被圈在这里！

贾岛后来还俗了，还俗时与一心向佛的堂弟无可上人约定，将来仍出家。但几年过去了，贾岛在尘世乐不思蜀，没有出家的迹象。无可上人写信提醒他不要忘约，贾岛作诗回答："名山思遍往，早晚到嵩丘。""终有烟霞约，天台作近邻。"——我怎么可能忘约呢？我迟早还是要出家的。嵩丘（嵩山）、天台山，都是访道修禅之地；烟霞约，这里指远离尘俗（出家）这一约定。

贾岛在长安时，每天都沉迷于琢磨诗句。秋天，他骑驴上街，秋风正起，黄叶满街，他突然得了一句"落叶满长安"。继续琢磨，想凑一联，思来想去作不出，正苦恼，突然灵感一闪，作出"秋风起（生）渭水"，很满意，喜不自胜。渭水，即渭河，流经长安（今西安）。"秋风生渭水，落叶满长安"，正是《忆江上吴处士》一诗中的名句，表达了诗人对朋友的思念之情。

有一个流传很广的"推敲"故事。贾岛骑着驴出行，作诗一联："鸟宿池中树，僧推月下门。"又觉得应改成"僧敲月下门"，正踌躇未定，一边琢磨，一边伸手做"推""敲"之势，突然驴子撞上了京兆尹韩愈的仪仗队。贾岛惶恐不安，向韩愈解释，自己正在为"推""敲"二字犯难而走神了，不是有意冒犯。韩愈也不怪罪，反而替他想了半天，最后说道："用'敲'字好。"两人由此成了好友。

贾岛在长安寺庙借住。一天，唐宣宗微服私访，来到寺庙，听到贾岛在吟诗，便走进贾岛房间，拿起案板上贾岛的诗作来读。贾岛没认出皇帝，一把抢过自己的诗卷，着急大喊道："你是什么人，为什么要来偷我的诗？"宣宗只好放下诗卷，下楼去了。

据说李贺七岁的时候，就才华惊人。韩愈、皇甫湜听说了，特意前往造访。李贺当面作诗一首（《高轩过》），前面吹捧了韩愈、皇甫湜二人，末句说："我今垂翅附冥鸿，他日不羞蛇作龙。"今天我还是一只小鸟儿，垂着翅膀依附在鸿雁身边，来日我却要像小蛇化成大龙，成为震惊文坛的大人物。韩愈、皇甫湜二人大吃一惊，对李贺的诗才赞叹不已。后世学者认为，这首诗应是李贺二十岁时所作。

李贺每天早上出门，骑一匹瘦马，后边跟着一个小厮，背着一个锦囊。李贺边走边琢磨诗句，得一句就写下来扔到锦囊中，等回到家后，慢慢打磨成一首。母亲看到锦囊都堆满了，又是气恼又是伤心，说道："这个孩子为了作诗，都快把心呕出来了。""呕心"一词就出自这里，又加上韩愈诗中"刳肝以为纸，沥血以书辞"的"沥血"一词，组为成语"呕心沥血"。

卢仝是初唐诗人卢照邻的孙子，家里穷得除了书籍，什么都没有，吃饭都需要别人接济。但卢仝不以为意，整天读书写诗，朝廷征召他做官，他也拒绝。后来发生了"甘露之变"，宦官挟持皇帝、诛杀宰相等，卢仝正好在宰相家里做客，被当成同党而惨遭杀害。卢仝的名句："相思一夜梅花发，忽到窗前疑是君。"相思了一夜，窗外梅花悄然开放，恍惚间我以为是你来了。

如果说李白是向往侠客生活，那么诗人刘叉则是真的像侠客一样生活。他少年任侠，杀过人，亡命江湖，遇到朝廷大赦，才过上正常生活，开始读书写作，后来诗名还在卢仝、孟郊之上。刘叉的诗，诗风怪异，喜用险韵，多悲慨不平之声，如刀剑鸣。总之，终其一生，刘叉都活得像个江湖侠客。

刘叉来投靠韩愈，住在韩愈家里。当时韩愈的碑文悼词写得很好，靠这门手艺赚了很多钱。写碑文悼词，自然是要多说好话，刘叉看不惯，告辞而去，走的时候还私拿了韩愈的钱，说："这是韩愈吹嘘死人得来的钱，正好给我这个活人当生活费。"

韦贯之的墓志铭写得很好，大家都愿意花大价钱来请他写，因而门庭若市。宰相裴均死去，其儿子也来给父亲求墓志铭，出价万匹布帛。但裴均名声差，韦贯之拒绝了，说："我宁愿饿死也不写！"

书法家、诗人林藻，参加科举考试，要求作《珠还合浦赋》。林藻写完后，趴在书桌上睡觉，梦到有人对他说："你的赋不错，就是对珠的来龙去脉还没交代。"林藻一下子惊醒，赶紧把作文补充完整。主考官很满意，认为这篇文章"如有神助"，林藻因此得以进士及第。

诗人韦温十一岁就通过了官府考试，做上了官。父亲韦绶听说后，很吃惊，说道："这里面是不是有暗箱操作，是不是走了权贵的后门啊？"就亲自出了道试题来考韦温。谁知韦温一挥而就，轻松作答。韦绶这才放了心："吾儿无愧，当得起这份荣耀。"

诗坛曾有议论，说诗作得好而当上高官的只有高适，当上高官而诗作得好的只有武元衡。武元衡是唐宪宗时期的宰相，曾作诗："夜久喧暂息，池台惟月明。无因驻清景，日出事还生。"意思是，夜深了，不再有白日的喧嚣，一轮明月安静地照着池台；这样美好、清静的时刻可惜不能久留，明天太阳升起时，又将有事发生。据说就在写完这首诗的第二天一早，武元衡像往常一样去上朝，结果真的出事了：他被刺客当街杀害。后人称之为"诗谶"，即未来将发生的事情，在诗中早有预兆。

诗人窦巩参加科举考试时，他的四位哥哥都当上了高官，他比较低调，作诗《放鱼》："金钱赎得免刀痕，闻道禽鱼亦感恩。好去长江千万里，不须辛苦上龙门。"表面上是说诗人买鱼放生，并且对鱼说：去大江里自在游戏吧，何必辛辛苦苦地要来鱼跳龙门呢！实际上表达的是诗人自己对科举的态度：科举这道龙门不跳也罢，官场之外，人可以活得更自在、更快活。

刘柳与元白：前度刘郎今又来

刘禹锡　柳宗元　白居易　元稹　王建

历史上有一个"二王八司马"的说法，指唐顺宗时期的十位革新派官员，柳宗元和刘禹锡便是"八司马"之二。在与宦官的斗争中失败后，柳宗元、刘禹锡同时被贬，柳宗元去柳州，刘禹锡去播州（今贵州遵义）。柳宗元想着播州太过偏远，刘禹锡还有老母亲要照顾，就上书朝廷请求与刘禹锡对换：他去播州，让刘禹锡去柳州。这时，朝廷也有人为刘禹锡求情，就把他改贬连州。——事实上，柳宗元最终被贬往的地方是今湖南永州。

柳宗元被贬到永州。在永州生活了十年，著名的《永州八记》《捕蛇者说》等文章都写于这一时期。在《捕蛇者说》里，柳宗元重申了"苛政猛于虎"这一批判，指出"赋敛之毒，甚于毒蛇"。他和韩愈因为古文创作上的成就，被后世列入"唐宋八大家"。

韩愈和柳宗元并称"韩柳"，关系很好，经常书信往来。每回收到韩愈寄来的诗文，柳宗元都郑重其事，先用露水净手，再熏香，这才打开来读，宣称："大雅之文，正当如是！"——阅读好书好文章，就得有这样的仪式感！

刘禹锡被贬后返回京城，到京郊玄都观游玩，写诗一首："紫陌红尘拂面来，无人不道看花回。玄都观里桃千树，尽是刘郎去后栽。"暗喻朝廷当中，尽是他被贬后新上台的人，谁知被人告发，说他心怀怨望，因此把他再贬任外官。十多年后，刘禹锡再回京城，来到玄都观，又写诗一首："百亩庭中半是苔，桃花净尽菜花开。种桃道士归何处，前度刘郎今又来。"仍然以"桃"喻人：桃林变成了菜地，曾经种植桃树的人哪里去了呢？快看啊，我刘禹锡又回来了！

元稹和白居易，世称"元白"。晚年，白居易和刘禹锡关系也很好，白居易给元稹写信说："我和你做了二十年的文友诗敌，是幸，也是不幸。我俩相互学习、激励，诗名远播，这是幸；但是江南人称我俩为'元白'，因你之故，使我不得独步江南，此乃一不幸。现在老了，碰到刘禹锡，是第二个不幸。老刘的诗神妙无敌，如'雪里高山头白早，海中仙果子生迟''沉舟侧畔千帆过，病树前头万木春'等，比我的诗好得太多了。"

白居易年轻时读书刻苦，读得口生疮，手起茧，头发都白了。

白居易初到京城时，去拜见文坛前辈顾况。顾况才高，对一般人不看在眼里，就拿白居易的名字开玩笑，说："长安米贵，'居'大不'易'！"一边说，一边翻看白居易的诗卷，看到"离离原上草，一岁一枯荣。野火烧不尽，春风吹又生"时，赞叹不已，说："小伙子有才，居天下都不难。刚才是开玩笑。"

白居易受到唐宪宗的赏识，感恩戴德，决定好好报答，就频繁上书言事，有时甚至当面指出皇帝的错误。慢慢地，唐宪宗很不耐烦，向宰相抱怨道："白居易这小子，是朕提拔上来的，现在专门和朕对着干，让我难堪。"

在当时，白居易文名极大。有一回刘禹锡拜见宰相李德裕，问道："最近有没有读《白居易文集》？"李德裕说："有人送过我一部，但是一直没看，今天回去看一看。"第二天见到刘禹锡，李德裕又说："白居易的文章写得太好了，我不敢多看，看多了怕我受他影响，改变心志。"

白居易写诗，追求通俗，老妪能解。他每写一篇，先读给家里的老女仆听，说听得懂才誊写到诗集中，听不懂则继续改。后人都说白居易的诗像老农种田，句句都是大实话。白居易的诗名远播，很大地影响了当时的日本文学。白居易的诗集在海外，一本能卖上百两银子。

元稹与白居易共倡新乐府，人称"元白"。两人关系莫逆，经常诗歌唱和。白居易与友人游慈恩寺，想起了元稹，写诗道："花时同醉破春愁，醉折花枝作酒筹。忽忆故人天际去，计程当日到梁州。"原来元稹出差了，同一天刚到梁州，晚上写诗一首："梦君同绕曲江头，也向慈恩院院游。亭吏呼人排去马，所惊身在古梁州。"——你在慈恩寺想我应该到梁州了，我在梁州梦到和你同游慈恩寺。

白居易有诗寄元稹："君写我诗盈寺壁，我题君句满屏风；与君相遇知何处，两叶浮萍大海中。""所得惟元君，乃知定交难。"——足见两人相交之深和惺惺相惜！而元稹的千古名篇《闻乐天授江州司马》也写道："残灯无焰影幢幢，此夕闻君谪九江。垂死病中惊坐起，暗风吹雨入寒窗。"我本来正病得奄奄一息，突然听到你被贬九江的消息，不由得猛地坐了起来。——足见对白居易的关心。

元稹早年仕途受挫时，他年仅二十七岁的妻子韦丛去世，给了元稹双重的打击。后来，元稹回忆亡妻，写了三首著名的悼亡诗（即《遣悲怀三首》），其中很多都是名句："诚知此恨人人有，贫贱夫妻百事哀。""惟将终夜长开眼，报答平生未展眉。"《离思五首》也是为悼念亡妻而作，其中"曾经沧海难为水，除却巫山不是云"，更是千古传诵。

元稹曾被贬通州，患上疟疾，几乎死去，写诗道："哭鸟昼飞人少见，伥魂夜啸虎行多。"但就是在这样的困苦潦倒中，元稹写出了他最具影响力的乐府诗歌《连昌宫词》，也是唐诗中的长诗名篇。

元稹在翰林院任职时，与翰林院的李德裕、李绅都以学识才艺闻名，三人年龄也相差不多，时称"三俊"。后来，元稹、李德裕、李绅先后当上宰相，元稹、李绅在文学史上最知名，李德裕在政治史上则最具影响力，为一代名相。

元稹曾与一崔姓女子有过一段露水情缘，但始乱终弃。多年之后，元稹在愧疚之下，以"崔莺莺"为原型，创作了传奇小说《莺莺传》。后人在此基础上，不断加工修改，最后形成了文学史上的一部名著——《西厢记》。

诗人王建擅长写宫廷题材，原因是他有"内幕消息"。高级宦官王守澄，与王建同姓，两人以兄弟相称，每次吃饭喝酒之际，就给王建讲宫闱秘史，王建就依此作诗。后来一次喝酒，王建说话没注意，讽刺了王守澄一下，王守澄记仇了，威胁说："你的很多诗涉及深宫内苑，我要向皇帝举报。"王建作诗以答："不是姓同亲说向，九重争得外人知。"不是你告诉我消息，我哪知道这些秘密，所以你是同谋。王守澄一听，只好作罢。

王建诗作得好，但生活贫苦。他的《自伤》诗记录了自己的生活状态："衰门海内几多人，满眼公卿总不亲。四授官资元七品，再经婚娶尚单身。图书亦为频移尽，兄弟还因数散贫。独自在家长似客，黄昏哭向野田春。"跟权贵们走不到一块儿去；官职低，是单身；经常搬家，藏书散尽，因为贫穷，兄弟流落四方；一个人在自己家里，心里却觉得跟做客一样。

张籍和王建交情深厚，都擅长乐府诗，史称"张王乐府"，并称的还有"元白长篇"，即元稹和白居易的长篇叙事诗。王建的《十五夜望月寄杜郎中》，是中秋诗中的名篇："中庭地白树栖鸦，冷露无声湿桂花。今夜月明人尽望，不知秋思落谁家。"

诗人崔护在清明这天去城外郊游，遇到一位女子，女子倚桃树而立，脸映桃花，煞是好看。第二年，崔护再来看望女子，谁知女子不在。崔护怅然若失，在门上题诗道："去年今日此门中，人面桃花相映红。人面不知何处去，桃花依旧笑春风。"

诗人殷尧藩酷爱山水，说道："我一天不见山水，再和俗人谈谈话，就会觉得胸中全是尘土，只有大饮几杯才能冲刷干净。"——不见山水已是难耐，见到的又是俗人，自然更加煎熬。

殷尧藩当永乐县令，驾一条小船前去上任。平时工作只弹琴，不出门，但是下属们都不忍心欺骗他。友人雍陶寄诗称赞他："头巾漉酒临黄菊，手板支颐向白云。"把殷尧藩比作陶渊明（陶渊明也做过县令），有着同样的高士之风，用头巾裹酒喝，在东篱赏菊；手支着下巴，悠闲地观看天上的白云。

诗人施肩吾，被认为是杭州历史上第一位状元，也是开发澎湖的第一人。施肩吾有一首《望夫词》，后两句很经典："自家夫婿无消息，却恨桥头卖卜人。"丈夫外出很久未归，妻子思念得走火入魔，不由得恼恨起桥边卜卦的人，也许是卖卜人的好卦没有应验，也许是卖卜人没有给出一个好卦。

施肩吾和赵嘏（gǔ）同一年考中进士，但是两人关系不好。胡嘏身有残疾，一只眼失明，施肩吾因此嘲讽他："二十九人及第，五十七眼看花。"——这骂人够刻薄的：明明是29人考中进士，庆祝宴的时候，却只有57只眼睛（少了1只）！

赵嘏有一首诗写早秋："残星几点雁横塞，长笛一声人倚楼。"杜牧对此评价很高，并称他"赵倚楼"。又有一首诗说："早晚粗酬身事了，水边归去一闲人。"谁知他的仕途恰如诗所言，一生坎坷。

赵嘏有诗名，宣宗皇帝都听说了，看他一直做小官，想帮帮他，向宰相要来他的诗集。谁知道刚翻开，看到第一首写秦朝的诗，"徒知六国随斤斧，莫有群儒定是非"，讽刺六国重武轻文。宣宗很不高兴，因为宣宗当时正在发起对外战争，以为胡嘏是讽刺朝廷，于是赵嘏的升官梦破灭。

小李杜：十年一觉扬州梦

张祜　杜牧　李商隐　温庭筠　韦庄

有人向皇帝推荐诗人张祜（hù），希望破格重用，谁知宰相元稹给了差评，张祜只得失望而归。张祜因此写诗道："贺知章口徒劳说，孟浩然身更不疑。"用李白和孟浩然的遭遇来比拟自己：贺知章力荐李白，却只是一番徒劳；孟浩然幸运地见到了皇帝，仍布衣终身。诗人杜牧很欣赏张祜，赠诗道："谁人得似张公子，千首诗轻万户侯。"

张祜去拜见节度使李绅（"锄禾日当午"的作者），名片上写的是"钓鳌客"。李绅问道："钓鳌以什么为鱼竿呢？"张祜答："长虹。""以什么为钩呢？""新月。""以什么为饵呢？""您个子矮小，正合适。"李绅听了不以为忤，临走时还送了张祜一大笔钱。

张祜在扬州玩得很开心，写诗一首："十里长街市井连，月明桥上看神仙。人生只合扬州死，禅智山光好墓田。"意思是，十里长街，市井繁华，夜色里看桥上的女子，跟神仙一样动人；人啊，就应该在扬州这样美好的地方生活到老，死后就葬在禅智山那块风水宝地。

杜牧，世称"小杜"，和李商隐合称"小李杜"，是晚唐最具代表性的诗人。杜牧的名句很多，人们熟知的就有："借问酒家何处有，牧童遥指杏花村。""停车坐爱枫林晚，霜叶红于二月花。""千里莺啼绿映红，水村山郭酒旗风。""一骑红尘妃子笑，无人知是荔枝来。""商女不知亡国恨，隔江犹唱《后庭花》。""蜡烛有心还惜别，替人垂泪到天明。""尘世难逢开口笑，菊花须插满头归。""风吹一片叶，万物已惊秋。"

杜牧在扬州工作期间，爱上了扬州的夜生活。上级长官担心他的安全，每次都派人在暗中保护他，等杜牧离任时，长官拖出一个大筐给他看，里面全是杜牧夜生活的行动记录。扬州也给了杜牧很多诗歌灵感，著名的如："娉娉袅袅十三余，豆蔻梢头二月初。春风十里扬州路，卷上珠帘总不如。""落魄江湖载酒行，楚腰纤细掌中轻。十年一觉扬州梦，赢得青楼薄幸名。""二十四桥明月夜，玉人何处教吹箫？"

杜牧出身名门世家，祖父曾做过宰相。杜牧写诗记述自己的家族："……旧第开朱门，长安城中央。第中无一物，万卷书满堂。"朱门（大门漆成红色）是达官贵人之家的标志，房子在长安城中央，那更是黄金地段，居住的自然不是普通人家，家世如此显贵。可是杜牧接着话语一转：家里啥贵重物品也没有，只有万卷书籍，把书架都塞得满满的。——这真是不动声色的炫耀啊！

宰相、文学家令狐楚，很欣赏李商隐，收他为弟子，传授公文写作之法。李商隐很是感激，作《谢书》诗："自蒙夜半传衣后，不羡王祥得佩刀。"王祥是汉末三国时期人，二十四孝"卧冰求鲤"故事的主人公。吕虔有一把佩刀，人称有此佩刀者，将来必位至三公；吕虔觉得自己不配拥有这样的佩刀，便赠送给王祥，后来王祥果然位至三公。李商隐诗中的意思是，得到了令狐楚的如此关照，那王祥得刀之事也就不值得羡慕了。

李商隐娶了官员王茂元的女儿。当时正值"牛李党争"，王茂元为李党，而李商隐的恩师令狐楚为牛党，李商隐夹在二者中间，很难受。令狐楚的儿子令狐绹，更是视李商陶为背叛师门的无耻小人。一次，李商隐来找令狐绹，令狐绹不肯接见，李商隐留诗一首："曾共山翁把酒时，霜天白菊绕阶墀。十年泉下无人问，九日樽前有所思。不学汉臣栽苜蓿，空教楚客咏江蓠。郎君官贵施行马，东阁无因再得窥。"大意是，当年我和您父亲把酒言欢，共度重阳佳节，如今令尊去世已十年，今年重阳之日，我不禁深深地思念他；我和令尊的关系这么亲近，您如今却因为党派之见，拒绝和我交往，您位高权重，我在从前我们一起读书的地方再也见不到您了。令狐绹终于被打动，恢复了和李商隐的交情。

李商隐刚有点名声的时候，大家都不认识他。一次他住旅馆，有几个客人在喝酒，作了一首《木兰花》诗，兴奋得叫李商隐一起喝酒欣赏。李商隐在他们后面也写了一首："洞庭波浪渺无津，日日征帆送远人。几度木兰船上望，不知元是此花身。"客人一看大惊，一问姓名才知道是李商隐。

白居易很喜欢李商隐的诗文，说下辈子愿意做李商隐的儿子。后来李商隐的第一个儿子就以"白老"命名，但是长得蠢。温庭筠笑话他说："这样的儿子叫白老，真是有辱白老名声啊！"李商隐第二个儿子衮师就很聪明，李商隐欣慰地写诗道："衮师我娇儿，美秀乃无匹。"——我的儿子优秀得无人可比！

诗人温庭筠才华出众，又是个"快枪手"，作诗不用打草稿，靠着桌子笼袖又一下手就能作出一联，八联八下就成，人称"温八吟"，又称"温八又"。他参加科举考试，因为答题快，自己做完了还经常给邻桌的帮忙。于是，温庭筠考试没考上，代人捉刀的名气却越来越大。为了防止他帮人答卷，主考官特意给他安排"单间"，和其他人隔开，谁知在这种情况下，温庭筠还是帮人完成了八份答卷。

据说宰相令狐绹曾经请温庭筠当"枪手"，写了一首诗献给皇帝，但温庭筠保密工作没做好，把这事泄露了出去，令狐绹对此很不满。温庭筠又口无遮拦，讽刺令狐绹不读书，说"中书省内坐将军"——中书省内的宰相大人，是个不读书的武夫。令狐绹记恨在心，以后温庭筠更是别想进士及第了。

温庭筠恃才傲物，性情不羁，不检细行，因而得罪了权贵，屡试不第，混得很狼狈。他喜欢喝酒，曾经半夜酒后对着人骂，被巡逻士兵抓住，打断了牙齿。

温庭筠和李商隐是好朋友，并称"温李"。一次，李商隐对温庭筠说："最近得到一联，'远比召公三十六年宰辅'，还没有对出下句。"温庭筠说："这有何难，'近同郭令二十四考中书'，怎么样？"李商隐表示叹服。

温庭筠去做地方官，京城的文士诗人都来送别，纷纷赋诗。其中纪唐夫作诗："凤凰诏下虽沾命，鹦鹉才高却累身。"那意思是任命虽出自皇命，但凭你的才能，小小地方官早应该做上了。

温庭筠还是一位骈文高手，与李商隐、段成式齐名，因为三人都排行十六，人称"三十六体"。晚唐时期，"词"这种体裁开始兴起，温庭筠正是个中佼佼者。后来有一部词集叫《花间集》，所选作品都是情情爱爱，辞藻艳丽，这些作者被称为"花间词派"。温庭筠也在其中，被尊为鼻祖。

韦庄是中唐诗人韦应物的后代，除诗歌创作外，他的词创作，与温庭筠齐名，并称"温韦"，同为"花间派"的代表作家。后人把花间派分为温派和韦派，温派风格浓艳，韦派风格清丽。韦庄的名句很多，如回忆江南或年少生活的："春水碧于天，画船听雨眠。垆边人似月，皓腕凝霜雪。未老莫还乡，还乡须断肠。""春日游，杏花吹满头。陌上谁家年少，足风流。""当时年少春衫薄。骑马倚斜桥，满楼红袖招。"

韦庄创造了一个纪录——他的代表作《秦妇吟》是现存唐诗中最长的。此诗长达1666字，几乎是白居易《长恨歌》（840字）字数的两倍。韦庄因此被称为"秦妇吟秀才"。《秦妇吟》借一个逃难女子之口，描述了唐末黄巢军攻入长安后的情形，"内库烧为锦绣灰，天街踏尽公卿骨"。由于某种原因，这篇作品失传了，直到20世纪初，在敦煌石窟中重新被发现。

韦庄为人吝啬，每次做饭，数着米下锅，称好柴烧饭。若是吃肉，切了多少片，心里一清二楚，少了一片他都知道。他的儿子八岁夭折，下葬时，韦庄不让妻子给孩子穿生前的衣服，用孩子原来睡过的旧草席一裹了事。掩埋后，韦庄还把草席带了回家。

宰相令狐绹推荐诗人李远做地方长官。宣宗皇帝说："我读过这个人的诗，'青山不厌千杯酒，长日惟销一局棋。'整天就是喝酒、下棋，能治理好地方吗？"令狐绹说："诗人言辞，不能照实来理解。"皇帝这才同意。

李远和写下名句"山雨欲来风满楼"的许浑，在当时颇有才名，并称"浑诗远赋"。李远官做得不小，但生活俭朴，唯一爱好就是喜欢吃鸭。贵客来访，李远从无礼品回赠；只有关系好的，李远才舍得抓上两只绿头鸭，让客人带走。

诗人许浑，因为诗中多写"水""雨"之类，时人将他和爱写愁苦的杜甫联系起来，称为"许浑千首湿，杜甫一生愁"。

诗人雍陶考上进士后，高傲了起来，连亲戚都看不起。他舅舅刘敬之没考上，回家路上给他寄诗："山近衡阳虽少雁，水连巴蜀岂无鱼？"雁和鱼，在古代都是指书信往来，如飞雁传书、鱼传尺素（书信）。这两句大意是说，家乡雁少，不能帮你寄书，但是我们这地方水路畅通，你就不能托鱼儿送封信来？雍陶很惭愧，当即知错就改，和舅舅书信不断。

随着官越做越大，雍陶的名声也越来越大。他经常自比谢朓、柳恽，对其他诗人都不放在眼里，"初唐四杰"之类，在他看来不过是书奴而已。有人慕名前来见他，他必羞辱一番，送礼少的，见都不见。有个秀才来见他，自称是他的朋友。雍陶光着脚急忙出门来见，发现不认识，骂道："你我素昧平生，何时成了朋友？"秀才答道："公之诗文，我天天诵读，虽相隔悬远，但心已成知己。"边说边背诵起雍陶的诗："立当青草人先见，行近白莲鱼未知。""闭门客到常如病，满院花开未是贫。""江声秋入峡，雨色夜侵楼。"雍陶很是受用，厚赏了来人。

雍陶在雅州（今四川雅安）任职时，城外有座送别之桥，名叫"情尽桥"。雍陶觉得名字取得不好，就在桥上盖了一座房子，又改名"折柳桥"，并作诗说明理由："从来只有情难尽，何事名为情尽桥？自此改名为折柳，任他离恨一条条。"古人送别时有折柳的习惯，柳条细长，所以说"离恨一条条"。当地人听后拍手叫好，认为改得太好了。

薛逢诗才出众，但是不懂人情世故，常写诗讽刺人，因而惹祸。他和杨收、王铎是同一年中的进士，但是另两人仕途都发展得比他好。杨收当宰相时，薛逢作诗道："须知金印朝天客，同是沙堤避路人。"意思是今天的宰相，曾经跟我一样站在路边给高官出行让道。杨收被揭了老底，自然不高兴，把他贬出京城。王铎为相时，薛逢又赋诗："昨日鸿毛万钧重，今朝山岳一毫轻。"意思是，昨天你把我们的交情看得重如万钧，今天又看得轻如微尘。王铎听了，也很恼火。

薛逢晚年时进京，骑着一匹瘦马经过科举考试院。正值公布新科进士名单，新进士一个个精神抖擞地出来。有人看到薛逢的窘迫样，呵斥道："靠边靠边，新进士出来了。"薛逢大怒，说道："别狗眼看人低，我年轻时也是中过进士的。"——前辈进士混成这副狼狈样，你新科进士有什么好激动的？

晚唐余音：乱时还与静时同

　　唐末黄巢起义，占领长安，诗人皮日休被俘，黄巢让他作谶谣，以蛊惑百姓。皮日休写道："欲知圣人姓，田八二十一（黄）；欲知圣人名，果头三屈律（巢）。"意思是，要出圣人了，圣人的姓名是黄巢。但是黄巢不喜欢这首诗，怀疑皮日休是讽刺自己，最终将其杀害。

　　陆龟蒙与皮日休齐名，世称"皮陆"。陆龟蒙不喜欢和俗人来往，就是别人到门口了，也不搭理。没事时，就驾着小船，带着书、茶具等，去湖上游玩，自称"江湖散人"，又号"天随子"（任意游玩之意）。

　　司空图很有才华，官员卢携很欣赏他，特意在他家墙上题了一首诗："姓氏司空贵，官班御史卑。老夫如且在，不用叹屯奇。"意思是，"司空"这个姓好啊（司空是古代"三公"之一），你现在只做着侍御史，官职配不上你的姓；不过你也不用抱怨当下的不顺，等我重新做宰相，我一定提拔你。屯奇，艰难、不顺利。后来卢携复相，果真提拔了司空图。

　　黄巢之乱后，司空图辞官回家，并写诗言志道："将取一壶闲日月，长歌深入武陵溪。"意思是，自己要喝着小酒，闲度岁月，过上世外桃源般的隐居生活。当地长官仰慕他的名声，经常给他送吃的喝的，但都被他拒绝。后来又骗他作碑文，司空图知道被骗后，把长官赠送的数千匹绢直接扔在集市上，任人取用。

唐昭宗多次召司空图入朝做官，司空图都以老病拒绝。他在自家庄园里修了一个亭子，取名"休休亭"，并写了一篇《休休亭记》以明其志。又自号"知非子""耐辱居士"，作了一首《耐辱居士歌》，反复咏叹"休休休，莫莫莫"，表示自己"宁处不出"的心志。

司空图回乡过着简单淳朴的生活，当时各地都有叛乱、起义，乱军经过的地方都被抢劫一空，而司空图所在的山谷，因为有他在，乱军唯独不进入，附近的百姓纷纷过来依附、避难。不久，唐代最后一位皇帝被杀，唐亡，司空图听说后，绝食而死。

诗人罗隐是杭州人，去拜见浙江长官钱镠（liú），递上自己的诗集。钱镠翻开一看，第一篇写道："一个祢衡容不得，思量黄祖谩英雄。"用三国时期的典故，才子祢衡态度不好，太守黄祖就把他杀了。钱镠认为自己不是黄祖那样的人，肯定能容得下人才，于是留下罗隐为幕僚。给罗隐的聘书上写道："仲宣远托刘荆州，盖因乱世；夫子乐为鲁司寇，只为故乡。"王粲（字仲宣）投靠刘表，是因为乱世；孔子愿做鲁国司寇，是因为鲁国是故乡。这两句用在罗隐身上，很合适。

朝廷任命钱镠为镇守浙西的节度使，钱镠让沈崧起草感谢信，里面说浙西非常富庶。罗隐说："这么说就麻烦了。现在朝廷大臣都喜欢贿赂，这么写，他们就会天天盼着我们给他们送东西了。"钱镠就让罗隐修改，罗隐写道："天寒而麋鹿曾游，日暮而牛羊不下。"言下之意是，地方是好地方，就是战乱时代，比较荒凉。

罗隐替钱镠给朝廷上奏疏，祝贺唐昭宗改名，说道："左则姬昌之半字，右为虞舜之全文。"——"昌"字的一半是"日"，虞舜的名字是"重华"，"日"加"华"是个"晔"字，正是唐昭宗新改的名字（李晔）。

曹唐和罗隐聊天，说到各自最近的诗作。罗隐说："你最近遇鬼了吗？竟然在游仙诗里说'洞里有天春寂寂，人间无路月茫茫'？"曹唐笑了笑说："你的《牡丹花》诗，说'若教解语应倾国，任是无情亦动人'，你写的是仕女画吗？"

杜荀鹤出身寒微，科举没考中，就还山隐居了，过着"文章甘世薄，耕种喜山肥"（《乱后山中作》）的生活。

张曙和杜荀鹤是同年。一次酒后，张曙说："与我同年，是你的荣耀啊！"杜荀鹤答："你说反了。天下人都知道有个杜荀鹤，谁知道有个张曙，是你应该感到荣耀才对。"两人相视大笑。

杜荀鹤的诗语言通俗、风格清新，后人称"杜荀鹤体"。他有一首《题弟侄书堂》诗，写得很好："何事居穷道不穷，乱时还与静时同。家山虽在干戈地，弟侄常修礼乐风。窗竹影摇书案上，野泉声入砚池中。少年辛苦终身事，莫向光阴惰寸功。"大意是，虽身处穷困，身逢乱世，自我修养不可放下，该读书还得读书，年少时不可荒废半刻光阴。

郑谷小时候很聪明，七岁就能写诗。司空图见到他，问道："我的诗你有没有喜欢的？"郑谷答道："您的《曲江晚望》中，'村南斜日闲回首，一对鸳鸯落渡头。'这首非常不错。"司空图摸摸他的背，说道："小娃儿不简单，以后当为大诗人。"

齐己带着诗集来见郑谷。郑谷说："你的《早梅》诗：'前村深雪里，昨夜数枝开。'数枝开就不切题，一枝才是早梅。"齐己拜服，说道："你是我的一字师。"

晚唐诗人李洞，非常仰慕贾岛，做了个贾岛的小铜像，戴在头巾中。还每天持珠串念一千遍"贾岛佛"。听到别人说喜欢贾岛的诗，就毕恭毕敬写下来相赠，叮咛再三，说道："这些诗简直是佛经，你回家要焚香跪拜。"后流落江湖而死，埋葬地点跟贾岛不远。郑谷作诗悼念李洞，说："若近长江死，想君胜在生。"——死后埋在离偶像很近的地方，也算得偿所愿了。

李洞时运不济，一生没有中举。一次考前，向主考官献诗说："公道此时如不得，昭陵恸哭一生休。"如果这次还考不上，我就要去太宗皇帝的陵前哭诉去了！但是，很遗憾，这一次他还是没考上。

陈羽写诗善于白描，如他的《自遣》："稚子新能编笋笠，山妻旧解补荷衣。秋山隔岸清猿叫，湖水当门白鸟飞。"前面是化用高适的诗句"笋皮笠子荷叶衣"，小孩子新学会用笋皮做斗笠，妻子则在修补荷叶做成的衣服；对面山上传来野猿的啸声，门前湖上有白鸟在飞舞。短短二十八个字，把山间村居景物，描写得很有画面感。

诗人裴说，年轻时正赶上天下大乱，他到处奔波，颠沛流离，作诗感叹"避乱一身多"，读过的人无不心有同感。后来好不容易考中进士，还是状元，但是第二年，唐朝就亡了。

唐末诗人周朴，写诗喜欢雕琢，一句诗要写上一个月，当时人称他作诗是"月锻年炼"。所以，不少诗篇还未写完，先写出的诗句就已经在坊间流传开了。

崔橹没有酒德，一次酒后羞辱同事陆肱，第二天又觉得不好意思，写诗去道歉："醉时颠蹶醒时羞，曲蘖催人不自由。**叵耐一双穷相眼，不堪花卉在前头。**"前两句是说喝酒害人，让人做出不该做的事；后两句是贬低自己，说自己心里阴暗，见不得一朵美丽鲜花就在眼前。陆肱看他把自己比成花朵，就原谅了他。

诗人任涛，参加了几次科举都没中，江西长官李骘（zhì）读到他的诗句，"露抟沙鹤起，人卧钓船流"，大加赞赏："任涛是个奇才啊！"就给了他中第的待遇，免去乡里杂役。有人不服，李骘说："只要你的诗也写得这么好，我给你同样待遇。"

唐求作诗，有一句两句、一联两联，就写下来，放在瓢里，然后慢慢写成一篇。后来病了，把瓢投到锦江里，心里祝福道："希望有人能得到这个瓢，这样我的苦心总算有人能读到了。"不久瓢被人捡起，有人认得："这是唐求的诗瓢啊！"

张蠙（pín）是唐末五代人，与郑谷齐名。到了五代前蜀时，皇帝王衍与徐皇后游大慈寺，看到一堵墙上写着："**墙头雨细垂纤草，水面风回聚落花。**"非常喜欢，一问是张蠙的诗，准备给他升官，后被人劝止，仍赐银一千两，表示赞赏。

五代：花间晚照和南唐二主

李璟　李煜　冯延巳　贯休

　　南唐中主李璟、后主李煜，都是词中名家。李璟的代表作是《摊破浣溪沙》，其中一句"细雨梦回鸡塞远，小楼吹彻玉笙寒"，千古传诵。宋代文豪王安石曾经问黄庭坚："你看过李后主的词吗？哪句词最好？"黄庭坚说："恰似一江春水向东流。"王安石点点头，说："这一句还是比不过'小楼吹彻玉笙寒'。"也就是说，以单独一句来说，儿子李煜的所有文字里，没有一句比得上父亲李璟的这句。

　　李璟还有一个名句："青鸟不传云外信，丁香空结雨中愁。"这两句很受年轻读者喜欢，意思是，青鸟不曾带来我思念的人儿的音信，雨中的丁香花绽开，却似愁绪万端。

　　李煜前期的诗词作品都是写宫闱之乐、闺房之趣，亡国做了俘虏后，日夜悔恨，诗词中充满血泪，如："最是仓皇辞庙日，教坊犹奏别离歌。垂泪对宫娥。""梦里不知身是客，一晌贪欢。""问君能有几多愁，恰似一江春水向东流。"

　　李煜入宋后当了俘虏，被软禁，每天以泪洗面。四十二岁生日时，作《虞美人》，中有一句"故国不堪回首月明中"。这下惹恼了宋太宗赵匡义，他觉得李煜的故国之思太重，影响不好，就赐给毒药让李煜自尽。

冯延巳是南唐时的宰相，他的词创作，影响很大，被后世认为是"五代词人之冠"。王国维就认为他"开北宋一代词风"，李璟、李煜都不如他。冯延巳的词，常以大境界写柔情，名句如"将远恨，上高楼，寒江天外流""楼上春山寒四面"等。

冯延巳最知名的一句，是"风乍起，吹皱一池春水"。南唐皇帝李璟曾酸溜溜地问："吹皱一池春水，关你什么事？"冯延巳赶紧小心地回答："这一句还是比不上您的'小楼吹彻玉笙寒'。"

冯延巳多才多艺，词写得好，书法也好，口才也好，能言善辩，诙谐幽默。他有个政治上的对手叫孙晟，对冯延巳恨得牙痒痒，当面说他："我知道你看不起我，你文章比我强，技艺比我强，诙谐风趣比我强……"——也是，样样比人强，这样的人真的太可恨了！

吴越王钱镠虽然没读过什么书，和妻子吴妃的感情却很好。有一次吴妃回家省亲，多日未归，钱镠思念妻子，写信道："陌上花开，可缓缓归矣。"字虽不多，却充满了深情关怀。

贯休想去投奔吴越王钱镠，献诗一首，其中有："满堂花醉三千客，一剑霜寒十四州。"吹捧钱镠宾客满座、权势很大。但钱镠并不满意，派人跟贯休说："把'十四州'改为'四十州'更好。"贯休一下子脾气上来了，拒绝道："州数我不加，诗我也不改。我闲云野鹤一个，哪里不可以去？"当天就离开了杭州。成语"闲云野鹤"就出自这里，比喻无牵无挂、自由自在的人。

花间派词人欧阳炯，写了一首《清平乐》："春来街砌，春雨如丝细。春地满飘红杏蒂，春燕舞随风势。　　春幡细缕春缯，春闺一点春灯。自是春心撩乱，非干春梦无凭。"句句都带"春"字，多的一句竟然有三个"春"，读来却并无违和之感，堪称奇迹。

后晋宰相和凝，年轻时喜欢写作艳词，名声很大，作品在洛阳、开封一带广为流传。后来做了宰相，觉得以前的艳词有损自己的形象，便派人到处搜集来焚毁。据说韩偓（wò）的艳诗集《香奁集》，实际作者就是和凝，故意托名韩偓所作，以掩人耳目。韩偓，唐末诗人，李商隐曾赞誉他"雏凤清于老凤声"。

和凝主持科举考试，发现考生范质的文章写得很好，应该排第一，于是对他很是青睐。但后来思来想去，让范质屈居了第十三名。考后对范质说道："让你排第十三，是想让你来传老夫的衣钵。"后来，经过和凝的亲手指教，范质果然也做了宰相。有人作诗纪念此事："从此庙堂添故事，登庸（指科举考试应考中选）衣钵尽相传。"

孙光宪是荆南国的大臣。荆南王高从诲非常羡慕楚王的豪华排场，常对人说："楚王的生活真让人羡慕，能像他那样过日子，才不枉了人这一辈子。"孙光宪反驳说："楚王一个小毛孩，不知道治国大事，只知道放纵生活，在小地方称王称霸，求一时的快乐，说不定哪天就被消灭了，哪里值得羡慕呢？"高从诲听后连连点头，说："孙公说得对。"

孙光宪向来以文学自负，但一直待在荆南一小国，感觉不能展现他的文学才能，因而闷闷不乐。他经常对知交说："我本来可以凭文章成为像孔子那样的大人物，谁知最后成了写战场公文的小公务员了。"还经常吟诵刘禹锡的诗："一生不得文章力，百口空为饱暖家。"

　　李珣、尹鹗两人都是蜀中花间派词人，关系也不错。李珣是在四川出生的波斯人后代，尹鹗就跟他开玩笑，说："假饶折得东堂桂，胡臭熏来也不香。"字面意思是说李珣体味重，哪怕一枝桂花，经他体臭一熏，也变得不香了。实际是说李珣身上仍然留有波斯人的生活习气。

　　孙鲂（fáng）、李建勋、沈彬等关系友好，经常一起饮酒论诗。一次，李建勋让孙鲂先藏起来，等沈彬到来，故意问道："孙鲂的《夜坐》诗怎么样？"沈彬很不屑地说道："乡巴佬烤火炉子的话，何足道哉！"孙鲂一听，走了出来，问道："为什么这么评价我的诗？"沈彬说："'划多灰渐冷，坐久席成痕'，这不就是在说乡巴佬烤火吗？"

　　唐代张祜有一首题金山寺的诗，其中名句"僧归夜船月，龙出晓堂云"，此句一出，后来者再也不敢题诗了。五代时，孙鲂到访金山寺，终于打破了这一"沉默"，他的"天多剩得月，地少不生尘"一句，时人无不叫绝，认为"骚情风韵，不减张祜"。

　　徐铉是南唐旧臣，后来随着后主李煜一起投降北宋。李煜死后，有人想找徐铉的碴，故意向朝廷推荐徐铉来为李煜写墓志铭。徐铉对宋太宗说："让我写可以，但是您得答应不能事后追究我的责任。"——徐铉很有自知之明，他的身份敏感，写前领导的坏话，不愿意；写了好话，又担心被人抓小辫子，所以先向太宗皇帝要一个承诺。

　　徐铉口才出众，他曾经代表南唐出使北宋，"舌战群儒"，北宋群臣都怕了他。所以北宋要派人回访南唐时，朝中大臣都不敢接这个任务。宋太祖一看，说："这有啥可怕的，我选一个人去。"于是随便挑了一个不怎么识字的殿前侍者。到了南唐，徐铉出面接待，词锋犀利，旁观者听呆了。但侍者没读过什么书，对徐铉的引经据典、滔滔不绝似懂非懂，只好不住地点头。徐铉不知他的深浅，硬撑着与侍者交谈。几天后，侍者还是不怎么说话，徐铉此时已精疲力竭，只好闭嘴了。——大学者遇上小学生，口才再好也白搭！

徐铉才思敏捷，有人临时请他写文章，他一挥而就。徐铉说，"文速则意思敏壮，缓则体势疏慢"，所以不喜欢慢慢去琢磨。不过也因为写得快，文章往往余味不足。

徐铉喜爱香道，也是制香大家，经常在月夜焚佳香一炷，伴月而坐。因而，这种香就称为"伴月香"。

两宋文章和诗风

宋代的代表性文学体裁是词，但是在散文和诗的创作方面，也有突出表现。散文方面，通常所称的"唐宋八大家"里，便有六位落在宋代，他们是欧阳修、王安石、曾巩，以及"三苏"。

诗歌方面，宋诗也自具特色。宋初"西昆体"占主流，到欧阳修领导诗文革新运动，诗风为之一变。北宋诗坛，最重要的一个文学流派便是黄庭坚开创的"江西诗派"。南宋诗坛，最杰出的代表则是陆游、杨万里、范成大、尤袤等"中兴四大诗人"。

一 北宋诗坛

风气之先：晓窗分与读书灯

王禹偁　柳开

王禹偁七八岁就显示出不凡。他家以磨面为生，地方官让他以"磨"为题作诗。王禹偁不假思索，大声吟道："但存心里正，无愁眼下迟。若人轻著力，便是转身时。"意思是，石磨呀石磨，虽然笨重了一点，但是只要心正，行动迟缓点又有什么关系呢？只要有人轻轻助力，石磨就能转动起来。既形象地咏出了石磨的特点，又以物喻人，表示自己只要有人相助，就能很快转变命运。官员听后连连称赞。

王禹偁虽然出身贫寒，但有大志，在《吾志》诗中写道："致君望尧舜，学业根孔姬。"辅佐君王成为尧舜那样的圣主，治学要像孔子和周公姬旦一样。在为人上，他也誓言要"兼磨断佞剑，拟树直言旗"。后来做官，王禹偁的确做到了敢言直谏，因而多次被贬谪。

一天，地方官出了一副上联："鹦鹉能言争似凤。"鹦鹉虽然能学人说话，但到底比不上凤。求下联，大家都对不上来。有人找到王禹偁，王禹偁当即对道："蜘蛛虽巧不如蚕。"蜘蛛也会吐丝，但不如蚕。大家听后都称赞不已。

王禹偁梦见自己在皇帝面前作了一首诗，其中一句："九日山间见菊花。"醒来后，想起这句诗，王禹偁有点不明所以，谁知第二天便接到朝廷诏命，让他去商州担任团练副使。等他到达商州时，正好是菊花盛开的季节，恰好应了这句诗。

王禹偁给自己的文集取名为《小畜集》，这个书名来自《易经》中的一句话："小畜之象曰'风行天上，小畜'。君子以懿文德。"意思是希望自己的文章也像风一样，能够在社会上产生良好的影响，移风易俗。

王禹偁在宋初诗坛的地位很高。林逋说："纵横吾宋是黄州。"黄州即王禹偁，因为他曾任黄州知州。南宋文学家胡仔也评论说："开国之初，士大夫作诗都学白居易，而其中，王禹偁是盟主。"不只是诗，在北宋词坛，王禹偁也是开风气的重要作家。

王禹偁很推崇杜甫、白居易，曾言"本与乐天为后进，敢期子美是前身。"将自己和白居易、杜甫相提并论。他有一首《清明》诗，流传很广："无花无酒过清明，兴味萧然似野僧。昨日邻家乞新火，晓窗分与读书灯。"

王禹偁被贬边远荒凉之地，风景、人物都乏善可陈。王禹偁作诗道："忆昔西都看牡丹，稍无颜色便心阑，而今寂寞山城里，鼓子花开也喜欢。"言下之意是，以前在长安，"牡丹"模样稍逊点，就看不上眼；如今来到这僻远的地方，因为啥都没得看，所以见着路边野花都觉得香。

王禹偁被贬出京城后，一直在地方做官，真宗即位时才被召回京师。王禹偁给宰相张齐贤等人写诗抱怨："早有虚名达九重，宦途流落渐龙钟。……犹期少报君恩了，归卧山林作老农。"意思是，兄弟们都当了高官，我也老了，才把我提拔到朝廷，还不如让我归隐山林去。张齐贤读后不爽，没几天又把他贬了。

王禹偁和宰相关系不好，在某地做官时，就作江豚诗讽刺宰相肥胖："吞啖鱼虾颇肥腯（tú）。"又说："江云漠漠江雨来，天意为霖不干汝。"意思是，江豚一出，必有风雨，跟你宰相没有半毛钱关系。

王禹偁作过一篇《三黜赋》，叙述一生的不平：为谏官时，为徐铉辩解，被贬商州；后被召回，碰上皇后之死，群臣衣服不合礼，王禹偁出言嘲讽，被贬滁州；后又被召回，撰太祖实录，有事处理不当，惹恼宰相，被贬黄州。三黜（chù），即三次被贬职。

宋太宗曾对王禹偁说："你的才智文章，在唐属于韩（愈）、柳（宗元）之列。但是性格太刚，眼里不容沙子，容易得罪人，我也很难庇护你。"后来王禹偁果然官运坎坷。王禹偁改任蕲州时，给朝廷写感谢信，说："宣室鬼神之对（贾谊与汉文帝宣室夜谈），不望生还；茂陵封禅之文（司马相如死后，汉武帝派人去他家，发现了草拟好的封禅文），止期身后。"宋太宗看后说："这两句不祥，王禹偁恐怕要死了。"一个多月后，王禹偁果然去世。

柳开是北宋初期的文学家，被尊为宋初古文运动的先驱之一。柳开为人粗狂，自称"师孔子而友孟子，齐扬雄而肩韩愈"，孔子、孟子且不说，他认为自己和汉赋大家扬雄、唐宋八大家之首的韩愈，是可以齐名的。因此取名肩愈（继承韩愈），字绍元（继承柳宗元）。但后来又看不上韩愈和柳宗元这两位了，觉得自己可以更强，于是改名"开"——开一代风气的"开"。

早期科举，流行考生提前送一些自己的作品给主考官看。柳开推了一车自己的作品送去，而另外有个叫张景的学子，只携带一篇文章。最终应试的结果却是，张景的名次在柳开之上。于是，时人说："柳开千轴，不如张景一书。"

柳开在润州（今江苏镇江）做官，去拜访当地一名姓钱的官员，在其家中看到一幅主人妹妹的画像。柳开当即说："我丧妻已久，愿娶令妹为继室。"主人委婉拒绝，说要请示父亲才行。柳开当即牛气哄哄地说："以我柳开的才学，还会辱没你们钱家吗？"就以最快的速度完成六礼，将钱氏女强行娶回家中。钱父在京中得知，向皇帝告状。宋真宗却说："你知道柳开吗？那可是个豪杰之士，我得恭喜你得了一个好女婿。就让我当他们俩的媒人吧。"见皇帝偏心眼，钱父只好不再追究。

学者胡旦，模仿孔子《春秋》的写法，撰写了一部《汉春秋编年》，送来请柳开指点。柳开只扫了一眼，勃然大怒，说："你小子算什么东西，竟敢学孔子编书。今天我赠你一剑，就算是给你们这些狂徒一个警告。"说完便提剑砍向胡旦，吓得胡旦落荒而逃。

潘阆和柳开是好友。柳开路过扬州，潘阆把他接到宾馆，不料宾馆因为闹鬼，已经多年无人住了。柳开一听，来了精神，说道："我的文章惊鬼神，胆气威慑中外，鬼有什么可怕的。"于是住了进去。潘阆见他牛气得很，决定扮鬼吓他。到了晚上，柳开正拿着一把剑东张张、西望望，潘阆扮的"鬼"出现了，猛的一声大吼，把柳开吓得当即跪了下来，一个劲地告饶。后来知道"鬼"是潘阆扮的，柳开更是气得发疯。

潘阆犯了事被追捕，扮和尚躲在一个寺庙里，但是他爱惹事的"狐狸尾巴"藏不住，很快就原形毕露，在庙里题诗一首："散拽禅师来蹴踘，乱拖游女上秋千。"——拉着和尚来踢球，拖着美女荡秋千。寺僧一看，"这可不是个好人啊"，于是把他赶走了。

后来遇赦，潘阆死里逃生，又恢复了狂态，写了一首《扫市舞》的词："出砒霜，价钱可。赢得拨灰兼弄火，畅杀我。"宋太宗看他疯疯癫癫的样子，很生气，本来已经任命他做官，诏书都发出去了，这时连忙派人追回。可怜潘阆一首词，把自己的官弄没了。

潘阆诗才不俗，当时苏州才子许洞自视甚高，对谁都看不上，但对潘阆却是另眼相看。许洞的《赠潘阆》一诗说："潘逍遥，平生志气如天高。倚天大笑无所惧，天公嗔尔口呶呶。罚教临老头，补衲归中条。我愿中条山，山神镇长在，驱雷叱电，依前赶出这老怪。"诗中虽然称潘阆为"老怪"，态度却是亲昵得很。

潘阆为人狂放，当时很多人写诗称赞他。黄静之在《酒泉子》词跋中说他"非俗子可仰望"。王禹偁的《寄潘阆处士》说他，"烂醉狂歌出上都，秋风时节忆鲈鱼"，醉态可爱。魏野的《赠潘阆》诗说他："昔贤放志多狂怪，若比今来总未如。从此华山图籍上，又添潘阆倒骑驴。"那狂态是远超昔贤。宋白写给潘阆的诗说："宋朝归圣主，潘阆是诗人。"视他为诗歌方面的国宝。潘阆有《叙吟》一诗说自己："高吟见太平，不耻老无成。发任茎茎白，诗须字字清。"其中有对自己诗才的自负，更有对诗歌的执着。

许洞喜欢饮酒，但是没钱，只好去酒店赊账。日子久了，不好意思再赊，就作了一首《酒歌》诗，挥笔写在酒店的墙上。由于许洞的名声很大，很多当地人前来观看，一边看一边买酒喝，让酒店赚得盆满钵满，算是抹平了许洞的债务。

许洞考中进士后，就在家门前植竹一竿，以表示自己特立独行的操守。当地人至今有一句俗语称赞此事："许洞门前一竿竹。"

许洞和一群诗僧分题作诗，提了一个奇怪的要求："不得提及下列中的任一字：山水、风云、竹石、花草、雪霜、星月、禽鸟。"大家看了面面相觑，只好搁笔。——与寺庙、僧人有关的诗，离开这几个字眼，好像就没法作诗了。可见套路化有多严重。

北宋名相寇准，八岁时作诗一首《咏华山》"只有天在上，更无山与齐。举头红日近，回首白云低。"意思是华山太高了，没有其他山可以与之相比；一抬头就是太阳，一低头就是白云。老师见了，对寇准的父亲说："令郎胸襟阔大，是块宰相的料。"

寇准年轻时，喜欢打猎游玩，不好好读书，母亲很生气。一次，拿起秤砣就扔了过去。秤砣砸伤了寇准的脚，鲜血直流。寇准从此痛改前非，开始发奋读书，后来做上了大官。但是此时母亲已去世，"子欲养而亲不待"，每回寇准摸着脚上的疤痕，都会伤心地大哭。

寇准在家喝酒，请歌伎来表演，以一束丝绸作为酬谢。歌伎们觉得给少了，不满意。寇准家的婢女看到了，作诗两首给寇准，也表达不满。第一首说："一曲清歌一束绫，美人犹自意嫌轻。不知织女萤窗下，几度抛梭织得成。"第二首说："风劲衣单手屡呵，幽窗轧轧度寒梭。腊天日短不盈尺，何似妖姬一曲歌。"总之，织女工作很辛苦，好几天才能织成一束丝绸；而歌伎随便唱首歌就赚到了，却还嫌少。寇准也委屈，说："将相功名终若何，不堪急景似奔梭。人间万事何须问，且向樽前听艳歌。"我当官也不容易，比织女又好到哪里了？——啥也别说了，还是听歌吧。

林逋（bū）是个隐逸诗人，终身以湖山为伴，几乎不入城市。他在西湖边隐居时，养了两只鹤当信使。有客人过来而他不在家的时候，童子就会放鹤报信。林逋看到鹤就会赶回来会客。林逋经常对人说："世上任何事都可以做，独独不能挑粪和下棋。"

林逋以湖山为伴的念头非常坚决。有人劝说他出世做官，被他一口回绝。他甚至不成家立业，终生未娶，只植梅养鹤，自谓"以梅为妻，以鹤为子"，人称"梅妻鹤子"。

林逋对自己的诗处理很随意，写完就扔一边了，从不留存。有人劝他留下来给后人看，他说道："我就是想隐居起来，不让人看到，也不让人听到，哪管得上遥远的后世呢！"所以，他的诗多亏了有心人抄记下来，才有了留存至今的三百多首。其中《山园小梅》中"疏影横斜水清浅，暗香浮动月黄昏"两句，非常出色，被誉为"千古咏梅绝唱"。

苏轼高度赞扬林逋，尤其是他的诗和书法作品，称他"诗如东野（孟郊）不言寒，书似西台（李建中）差少肉。"意思是诗的风格如孟郊，但没有孟郊的寒气；书法似李建中，但笔画没那么粗。黄庭坚也非常喜欢林逋的书法，说看到他的书法，"方病不药而愈，方饥不食而饱"，也就是可以当饭吃、当药用。

有人对苏轼说：“林逋的‘疏影横斜水清浅，暗香浮动月黄昏’，我看也没啥特别的，用来形容桃杏李也可以。”苏轼笑笑，说：“那恐怕桃杏李承担不起。”

对于林逋的做派，也有人很不以为然，同时代的大诗人许洞，就很看不上林逋。许洞作诗嘲讽林逋：“寺里掇斋饥老鼠，林间咳嗽病猕猴。豪民送物鹅伸颈，好客临门鳖缩头。”意思是，你林逋不过是寺中一只饥饿的老鼠，林间一只咳嗽的病猴。一旦有人送钱送粮，你像一只鹅一样伸长了脖颈，而当穷客来访时，又像王八一样缩头不见。

林逋生时隐居求静，谁知死后招来横祸。南宋定都杭州，在孤山上大肆修建皇家寺庙，把山上住宅坟墓全部迁出，唯独留下了林逋的没动。有盗墓贼以为林逋的名气大，墓中必定有珍宝，于是就掘了他的墓。谁知打开一看，坟墓中空空荡荡，陪葬的只有一方端砚和一支玉簪。

南宋时有个叫林洪的人，为了自抬身份，说自己是林逋的七世孙。但是林逋一生未娶，哪来的后辈子孙呢？文学家姜夔作诗嘲笑道：“和靖当年不娶妻，因何七世有孙儿？若非鹤种并梅种，定是瓜皮搭李皮。”林逋一生喜欢养鹤、种梅，有“梅妻鹤子”之说，所以姜夔嘲笑林洪肯定是鹤或梅的后代。

宋真宗时，下令访天下隐者，得到一个叫杨朴的人，召见时他却说不会诗。真宗问他：“临行可有人作诗送你？”杨朴回答说：“臣妻有诗一首，‘更休落魄贪杯酒，且莫猖狂爱咏诗。今日捉将官里去，这回断送老头皮。’”真宗大笑，见他确实无意做官，就放他走了。

杨朴喜欢作诗，每当有灵感时，半路就会停下来，钻到草丛中冥想。得到一个好句子，就会纵身跃起，常常把路过的人吓一大跳。

杨朴在溪边钓鱼，这时陈尧佐路过，前呼后拥，威风凛凛。看到杨朴不回避，于是上前呵斥。杨朴不理他们，陈尧佐很生气，让人把他抓了过去。杨朴要来纸笔自写供状："昨夜西风烂漫秋，今朝东岸独垂钩。紫袍不识莎衣客，曾对君王十二旒。"意思是你不要这么牛气哄哄，我也曾是朝中贵人，别狗眼看人低。

仁宗时，薛奎为开封长官，治理从严，百姓受不了，叫他"薛出油"。后来去成都当官，成都天府之国，百姓天天唱歌跳舞，薛奎随俗而变，也跟着游玩起来，还作《何处春游好》诗十首，自号"薛春游"。

诗僧惠洪，作品曾入《千家诗》，著有笔记《冷斋夜话》，是很有名的一部书。惠洪有一首《上元宿百丈》诗，其中有一句"十分春瘦缘何事？一掬乡心未到家"，蔡卞的夫人王氏（王安石之女）评论道："这真是个浪子和尚。"惠洪因此有了"浪子和尚"之名。

修道之人不近女色，但是皇帝非要赐给道士陈抟（tuán）三名宫女，陈抟不得已收下来，安排她们另住一处，又写诗向皇帝表示感谢："雪为肌体玉为腮，深谢君王送到来。处士不知巫峡梦，虚劳云雨下阳台。"意思是，肌肤如雪腮似玉，君王赠的美女长得真好看，我本人深表感谢；可惜我是修道之人，实在不懂你们成年人的那些男欢呀女爱呀，让"神女"白来了。后二句用了"巫山云雨"的典故：楚王梦见神女，神女自称住在巫山，"且为朝云，暮为行雨，朝朝暮暮，阳台之下"，想我了就来巫山找我，云也是我、雨也是我。

西昆酬唱：今日芳樽惟恐浅

杨亿　钱惟演

北宋诗坛"西昆体"的代表作家杨亿，七岁能文，十岁能赋诗。十一岁时，被召入京城为官，即兴赋诗《喜朝京阙》："愿秉清忠节，终身立圣朝。"这么小的孩童而有"愿秉清忠节"的志向，宋太宗看了非常赞赏。又有一次，太宗问杨亿想不想念父母，杨亿回答："陛下就是我的父母，一见陛下，犹如看见了父母。"太宗笑开了花。

杨亿极受太宗喜爱。一次太宗宴请大臣，杨亿以职务低不够资格列席，就写了一首诗表达心情："闻戴宫花满鬓红，上林丝管侍重瞳。蓬莱咫尺无由到，始信仙凡自不同。"诉说自己离着蓬莱仙山这么近，都到不了，原来是仙凡有别呀！诗作传到太宗那里，太宗直接让他参与了宴会。后来王钦若修《册府元龟》，太宗下诏：书修好后先给杨亿审订，才能颁行天下。

杨亿到朝廷任职的时候，非常年轻。他给宰相写信道："朝无绛灌，不妨贾谊之少年；坐有邹枚，未害相如之末至。"西汉的贾谊成名时也年少，入朝时经常遭到绛侯周勃与颍阴侯灌婴的陷害；邹枚、司马相如都是西汉的才学之士。这两句话意思是说，我也是年少俊才，你们可不要嫉妒害我啊！

杨亿对自己的文章非常自负。有一次，杨亿写完的文章被宰相们作了涂改，杨亿愤愤不平，把稿纸上别人涂改过的地方涂成鞋底样，在旁边注明："世业杨家鞋底。"（旧时做鞋时先在纸上打样）有人问是何意，杨亿说："这是别人踩出来的足迹。"这事轰然传开。后来有人稿子被改，就相互开玩笑："又被人踩了。"

杨亿因为文章写得好，受到真宗的喜爱，朝廷命官也希望自己的任命文书出自杨亿之手。所以大家都等着杨亿上班的时候，求着他写。写一篇文书有专门的稿费，于是杨亿拿稿费拿到手软，都不好意思了，就和办公室里的同事一起均分。

仁宗的皇后去世，辽国寄来祭文。但不知什么原因，杨亿打开国书一看，纸上空无一字，只好灵机一动，临时现编："惟灵巫山一朵云，阆苑一团雪，桃源一枝花，秋空一轮月。讵期云散雪消，花残月缺。"先是称颂皇后为仙山上的云、仙苑里的雪、桃源里的花、夜空里的月，不料云散雪消、花落月缺，表示不幸人去世了。仁宗知道个中情由后，大为赞赏。也有说法认为，此事应当发生在真宗皇帝时。

杨亿不喜欢杜甫的诗，称杜甫为"乡巴佬"。一次，有人故意找碴，对杨亿说："请问'江汉思归客'的下一句？"杨亿回复了一联。那人说："不对，是'乾坤一腐儒'。"杨亿这才觉出了杜诗的好。

寇准和同事们对对子，出上联："水底日为天上日。"大家抓耳挠腮，对不出来。恰好杨亿来了，听后给出了下联："眼中人是面前人。"众人听了都拍手叫好。

杨亿写文章，文思敏捷，能够一心多用，一边和门客们喝酒嬉闹，也不妨碍构思。他经常用一小方纸条写上，门客们接过来抄录。他挥笔如飞，门客们却有点忙不过来了。

杨亿告诫学生，作文章要避免套用方言俗语。一次，他草拟了一篇奏章，里面有句话说："伏惟陛下德迈九皇。"一个学生看后，跟他开玩笑，说您"得卖韭黄"（"德迈九皇"的谐音）了，什么时候得卖生菜啊？杨亿给逗笑了，也觉得这一句不妥当，当即作了修改。

杨亿的胡须很长，一天在办公室，丁谓开玩笑地说："内翰拜时须扫地。"意思是，杨亿下拜行礼时，胡须长得扫到了地上。杨亿应声而答："相公坐处幕漫天。"字面意思是说，丁谓座席之处帷幕四遮，但"幕"有阴谋的意思，嘲讽丁谓心机深，耍手段。丁谓先后把寇准等人排挤出朝廷，但对于杨亿，却爱其才，始终不曾动手。

"西昆体"代表作家钱惟演，是五代吴越王钱镠的曾孙，从小好学，诗文出众。曾赋一诗，其中有"高为天一柱，秀作海山峰"一句，名动一时。

钱惟演自称平生就喜欢读书，坐着的时候读经史，躺着的时候读小说，上厕所阅小词。总之是手不释卷。他的文章写得又快又好，一次在皇帝面前以笏起草诏令，挥笔而成。宋真宗看了大加赞赏。

钱惟演是个官迷。他曾做使相，论级别，官居第一等，但是只有荣誉，而无宰相实权。钱惟演时常叹息道："让我当一天真宰相，在诏书上写上一个字，也满足了。"

钱惟演在洛阳做长官时，郊区十里远有个应天院，院里供着宋初几位皇帝的御像。按照制度，每月初一、十五，当地官员都要去集体朝拜，往往天未亮就出发，朝拜后敬三杯酒就返回。钱惟演因此写诗道："正好睡时行十里，不交谈处饮三杯。"正是睡觉最香的时刻，却不得不起床走十里路；到了后相互并无交谈，各自喝三杯酒就返回。总之是，很形式主义，很郁闷。

钱惟演生活俭朴，家中子弟不是急用钱，不给零花钱。他有一个珊瑚做的笔架，珍爱异常，常常放在书桌上。子弟有缺钱花的，就偷了去。这时，钱惟演就非常失落，对家人悬赏十千钱求购。于是过了两三天，子弟假装找到了献给他。他一看到宝物回归，高兴不已，立马掏钱。但过不了几天，又有子弟缺钱花，又偷了去，骗他十千钱。一年之中，这事会发生七八次，他也是假装糊涂不追究。

钱惟演在今湖北随州做官，年龄越来越大，而无法回乡，心里非常悲伤，经常酒后自唱所撰《玉楼春》一词："城上风光莺语乱，城下烟波春拍岸。绿杨芳草几时休，泪眼愁肠先已断。 情怀渐变成衰晚，鸾镜朱颜惊暗换。昔年多病厌芳尊，今日芳尊惟恐浅。"家中有个叫惊鸿的歌姬，曾经服侍过他的父亲吴越王钱俶（chù），听了这哀伤的歌词，说道："先王快死的时候，写了挽歌《木兰花》，相公的这首词和《木兰花》相似，难道相公也要死去了吗？"不久，钱惟演果然死于随州。

同为"西昆体"的诗人张咏，写了一首绝句："独恨太平无一事，江南闲煞老尚书。"被县令萧楚材看见了，把"恨"改作"幸"。张咏看到后很生气，问是谁改，亲信回答道："萧县令所改。大人功高位重，正是有人找你麻烦的时候，面对天下一统，大人却'恨太平'，会惹上麻烦的。"张咏说道："萧县令是我的一字之师啊！"

张咏为政严酷。做县令时，一个小吏偷了公家的一吊钱，被张咏发现了，很生气，让人抓起来打。小吏说道："一吊钱而已，您要打几下？我明天还去偷，您能杀了我？"张咏气头上，判决道："一日一钱，千日一千，绳锯木断，水滴石穿。"当即就杀了此人。后来在成都做知府，有小吏惹他生气，他抓了小吏。小吏有点嘚瑟，说道："您现在抓我容易，想让我脱枷却难。"张咏不受威胁，直接拔剑斩了小吏的头——让他身首分离，脱枷而出，一点儿也不难。

成都府的知录虽是京官兼任，但见到知府，还是要参拜。一次，一个知录不参拜，张咏很生气，说道："要么滚蛋回家，否则就得行礼参拜。"这人竟然把官印一扔就走了，还作诗一首："秋光都似宦情薄，山色不如归兴浓。"意思是，做这样的官还不如回家归隐。张咏对他的诗大加赞赏，追上去拉住说道："诗人慢走，我很欣赏你。"于是礼为上宾。

北宋时有"盛肥丁瘦，梅香窦臭"的趣事。"盛"即盛度，非常肥胖，坐在马上，肚子一摊肉，而上半身只能仰着；而跪拜起来更是大麻烦，让他苦恼。"丁"是丁谓，面容刻削。"梅"为梅询，不仅衣服洁净，而且喜欢熏香。"窦"乃窦元宾，不仅衣服邋遢，而且经常不洗澡，臭不可闻。

宋初盛度很肥胖，一天看到宰相在身后，急忙回避。由于跑得急，停下时不住喘气。石延年看到他，问道："宰相问你了吗？"盛度说没问。两人分别后，盛度突然想起西汉宰相丙吉问牛的故事，骂道："这小子竟然骂我是牛。"

江西诗派：江湖夜雨十年灯

黄庭坚　陈师道　陈与义

在宋代文学史上，有一个著名的"江西诗派"，这一派的开山之祖，正是黄庭坚。黄庭坚，今江西九江人，字鲁直，号山谷道人，世称黄山谷。他的诗说理细密，宋诗艺术特色在他这里得到了全面体现。文学上，黄庭坚与苏轼齐名，合称"苏黄"；书法上，黄庭坚也是"宋四家"之一。

黄庭坚出身书香世家，小时候便很聪慧。他五六岁时有一首《牧童》，思想已很老成："骑牛远远过前村，吹笛风斜隔垄闻。多少长安名利客，机关用尽不如君。"七八岁时，有人去参加科举考试，他又作诗送别："万里云程着祖鞭，送君归去玉阶前。若问旧时黄庭坚，谪在人间今八年。"前两句是吉利语，祝人此去考试必定高中；后两句则是说，假如皇帝问起黄庭坚来，你就回答说我从天上被贬谪人间，已经八岁啦！

黄庭坚几兄弟的名字都挺有意思的，都是他父亲喜欢的远古时期的贤能之士。如他大哥叫"大临"，与庭坚、二弟叔达、三弟苍舒，都来自传说中的"八恺"（八位才能之士）；他大弟叔献、四弟仲熊，名字则来自"八元"（同样是传说中的八位才能之士）。黄庭坚字"鲁直"，则来自他父亲仰慕的北宋名臣鲁宗道，宋真宗曾称鲁宗道为"鲁直"，即为人正直、敢于谏言。

黄庭坚十八岁参加乡试，一举夺得了第一名；第二年进京科考失败，回来后重读，再次参加乡试，又得了第一名。主考官看到他的诗文，击节赞叹，说道："这个年轻人文章出色，他日诗名更会名扬四海。"不久，考中进士，年仅二十二岁。

黄庭坚官途蹉跎，从县长干到镇监，又去管理集市的税收与治安。但黄庭坚没有怨天尤人，而是勤耕文坛，创作了多篇优秀诗文，其中，最有代表性作品为《寄黄几复》，其中的名句"桃李春风一杯酒，江湖夜雨十年灯"，引起了无数读者的共鸣。

江西诗派尊杜甫为祖，奉黄庭坚、陈师道、陈与义为"三宗"，即"一祖三宗"。这是中国文学史上第一个有正式名称的诗文派别，对宋代及后世影响很大。后人评价："老杜诗为唐诗之冠，黄、陈诗为宋诗之冠。"对江西诗派的文学成就评价很高。

陈师道十六岁时去见当时的文章泰斗曾巩，呈上文章向他求教。曾巩一读文章，大加赞叹，把陈师道留在了门下读书。

苏轼去杭州当太守，路过陈师道辖区，陈师道哪能错过这样的好机会，赶忙跑去送行，因此被举报为擅离职守，丢了官职。苏轼想收他为弟子，陈师道回复道："向来一瓣香，敬为曾南丰。"意思是已经拜曾巩（南丰人）为师，不能再拜师。苏轼也不勉强，还是对他给予指导。

陈师道出名后，宰相章惇想拉拢他，托人暗示陈师道，只要你去拜见宰相，就推举当高官。陈师道直接拒绝了，说道："这种事通过别人传话，如此偷偷摸摸，可见是见不得光，我是不干的。"

陈师道是个诗痴，一想到佳句，就赶紧回家，躺在床上，捂上被子，听不得一点其他人的声音，谓之"吟榻"。家人也只能赶紧配合，把猫狗赶走，小孩也抱到邻居家，免得哭闹惊扰了他。等他将诗作成，家里才能恢复正常。

陈师道开始写诗时，靠自己摸索，后来读到黄庭坚的诗，爱不释手，把自己的诗稿一把火烧了，跟着黄庭坚的诗学习，再后来又学习杜甫。黄庭坚认为，当世诗人，陈师道是最厉害的。而且，黄庭坚尤其喜欢陈师道挽司马光诗中的一联："政虽随日化，身已要人扶。"

宋代最得意的文学体裁是词，陈师道觉得，自己的词比诗强，他说自己的诗文"未能及人"，但是在词方面，则"不减秦七黄九"，即不输给秦观、黄庭坚。

陈师道，家里贫穷，老婆孩子都养在老丈人家。他对此不以为意，诗里看不到一点埋怨，而是质朴真挚的感情："喜极不得语，泪尽方一晒""功名何用多，莫作分外虑"。

陈师道和赵挺之（李清照的公公）是连襟，但赵挺之和苏轼、黄庭坚等陈师道的一帮朋友关系很差。一天深夜，陈师道在郊外守灵，因天气寒冷，妻子向妹妹（赵挺之的妻子）借了一件皮衣，准备给丈夫穿。陈师道知道后，怒斥妻子，说："我打死也不穿他家的衣服，你不知道吗？"最后，陈师道因此着凉生病，不久就死了。死后家里穷得揭不开锅，无钱安葬，朝廷特赐绢二百匹，家人把绢卖了，才顺利地给他安葬。

陈师道去世的时候，朋友楼异夜里做梦，梦到陈师道来告别，行色匆匆。楼异问他："你这是要去哪里？"陈师道回答："去杏园，东坡、秦观等人都在那儿相聚呢！"楼异醒来的时候，有人来报告消息，说陈师道去世了。——当时苏轼、秦观皆已去世。

江西诗派的另一位重要人物陈与义，人称"诗俊"，与"词俊"朱敦儒和"文俊"富直柔，同为"洛中八俊"。

陈与义遭遇了金灭北宋，他一路南逃，生活颠沛流离。他感觉自己的经历和安史之乱时的杜甫何其相似，在作诗上开始学习杜甫，把个人遭遇和国家命运融合在一起写进诗里，诗风为之一变。由此，陈与义成了南宋学习杜甫最有成就的诗人之一。

自己的作品经常被误认为其他名家所作，会是什么感觉呢？陈师道的妹夫张舜民，他的不少作品经常被误为苏轼所作，特别是"回首夕阳红尽处，应是长安"这首，大家都以为是苏词，其实却是张舜民所作。张舜民在当时虽然不算太出名，但对自己仍充满信心，他说："年逾耳顺，方敢言诗；百世之后，必有知音者。"

二 文章六大家

欧阳修　王安石　曾巩　苏洵　苏辙　苏舜钦　梅尧臣

　　"唐宋（古文）八大家"中，宋代占六位，分别是欧阳修、王安石、曾巩、苏洵、苏轼、苏辙。欧阳修是当仁不让的文坛领袖，开创北宋文风。

　　年少时读到一本重要的书，往往能影响人的一生。欧阳修十岁时得到一本唐代文学家韩愈的文集，非常喜欢，日日诵读。成年后他成为韩愈的追随者，发起北宋的诗文革新运动，成为一代文章大家，名列"唐宋八大家"和"千古文章四大家"（其他三人为韩愈、柳宗元和苏轼）。

　　欧阳修四岁丧父，是母亲郑氏教他读书识字。家里穷，没钱买纸笔，郑氏就用芦苇秆当笔，以沙子当纸，来教欧阳修。这就是"画荻教子"的典故，用来称赞母亲教子有方。荻（dí），一种形似芦苇的草本植物。

　　欧阳修参加国子监和礼部考试，都高中第一，参加殿试却落后了几名。殿试主考官晏殊这样解释说："这小子锋芒太露，得挫挫他的锐气，才能促其成才。"

　　欧阳修刚参加工作时，和同僚们工作散漫，成天吟诗作赋，饮酒游玩。长官王曙看不下去了，严厉地对他们说："你们看寇莱公（寇准），知道为什么被贬官吗？就是因为耽于享乐。你们刚出来工作就这样，怎么能行？"欧阳修不服，反驳说："寇莱公之所以倒霉，是因为享乐吗？不是的，是因为他一把年纪了还不知道给年轻人让路。"王曙听得一愣，再不说话了。

名臣范仲淹等推行"庆历新政"，很快失败，改革积极分子欧阳修受到牵连，被贬滁州，在这里他写下了不朽名篇《醉翁亭记》，其中名句"醉翁之意不在酒，在乎山水之间也"，历来为人所传诵。后辈黄庭坚便特别喜欢，精心把这篇文章改写成了一首词《瑞鹤仙·环滁皆山也》。欧文黄词，成为文坛佳话。

欧阳修晚年再度被贬离京，上朝辞行，宋仁宗看着又有点后悔了，说道："你还是别去外地了，留下来修《新唐书》吧。"于是，欧阳修就留了下来，和宋祁编撰《新唐书》，又独自编撰了《五代史记》（《新五代史》）。这两部书成就了欧阳修的史学家之名。

宋祁和欧阳修共同编修《新唐书》，前后历时十七年，前十年由宋祁主持，后七年由欧阳修、宋祁共同编修。宋仁宗在审阅初稿时，发现全书不统一，由两人写成的痕迹很明显，就让欧阳修进行统稿。欧阳修拒绝，他说："宋公是我前辈，我不能乱改；而且每个人所见不同，肯定会不一样。"官修史书历来署一人名字，朝廷认为欧阳修官位最高，当署名，欧阳修表示反对，坚持在宋祁完成的部分署上宋祁的名字。

欧阳修提倡平实文风，讨厌写文章时故意来些生僻字词。一次主持科举考试，欧阳修看到一份试卷写道："天地轧，万物茁，圣人发。"读起来很是别扭、拗口，但其实意思很简单，无非是说，天地交合，万物产生，然后圣人诞生了。欧阳修就着此人的韵脚续道："秀才剌，试官刷！"意思是这样的秀才，考官只会刷了他。剌（là），怪僻。

宋初文风流行把文章写得奇怪难读。欧阳修很讨厌这种文风，当主考官时，看到这种文章就扔进垃圾堆。几个考官志同道合，在考前作诗唱酬。其中，欧阳修的"无哗战士衔枚勇，下笔春蚕食叶声"最为传神，梅尧臣的"万蚁战时春日暖，五星明处夜堂深"也为人所称颂。但是放榜后却出事了。几个颇有声名的才子都落榜了，就向朝廷举报，说考官们只顾自己作诗玩乐，不仔细阅卷；五个人还自比五星，把我们这些应试的当作蚕和蚁，肆意贬低。舆论汹汹之下，主考官们竟然不敢再在考场作诗了。

一次考试，欧阳修读到了苏轼的文章，觉得写得太好了，开始以为是自己的学生曾巩的，为了避嫌，给了第二名，拆开试卷才知道不是曾巩的。但苏轼还是给欧阳修写了一封感谢信。欧阳修回信对苏轼大加称赞，说他的文章语言流畅，说理透辟，读着让他"不觉汗出"，感觉这个后生马上就会超过自己。

欧阳修写文章精益求精，晚年还在修改年轻时的文章。夫人看着心疼，劝道："您老这么大岁数了，还费这个心，是怕先生（老师）骂吗？"欧阳修笑着说："不怕先生骂，怕后生笑啊！"正是有着这样的文章精神，才成就了一代文学巨匠。

欧阳修给韩琦家的昼锦堂写文章，里面有"仕宦至将相，富贵归故乡"两句，尤为韩琦喜爱。过了几天，欧阳修又送过来一篇文章，说道："改了一下，以此本为准。"韩琦反复诵读，发现只是在"仕宦""富贵"下各添一"而"字，变得更通顺了。

一次酒后，欧阳修自豪地对儿子说："我的《庐山高》诗，一般人写不出来，只有李太白可以。我的《明妃曲》两篇，后篇李太白也写不出，只有杜甫能写出；至于前篇，那是连杜甫也写不出了。"

《庐山高》在当时影响很大，梅尧臣和诗人郭祥正见面，郭祥正为梅尧臣朗诵此诗，梅尧臣听后赞赏不已，感叹说："让我再写三十年诗，也写不出其中一句啊！"于是这次见面，两人啥话也没有说，就一直在听郭祥正反复背诗。每背一遍，两人就喝一杯，背了十余遍，喝了十余杯，兴尽而散。

欧阳修和人作诗玩乐，以犯罪为诗歌内容。开头两人直接说出所犯罪行：一人为"持刀哄寡妇，下海劫人船"，一人为"月黑杀人夜，风高放火天"。欧阳修写的是："酒黏衫袖重，花压帽檐偏。"——不从正面写犯罪，而是从侧面写犯罪时的形态，也是一种另辟蹊径。

欧阳修堪称千古伯乐，他竭力提携后进，使得一大批青年才俊脱颖而出。经他推举的人中，文坛巨匠有苏轼、苏辙、曾巩等，旷世大儒有张载、程颢、吕大钧等，名臣有包拯、韩琦、文彦博、司马光等。"唐宋八大家"，宋代有六人，除了他自己，其他五人均出自他的门下。可以毫不夸张地说，正是欧阳修崇高的道德文章，才有了苏门四学士（黄庭坚、秦观、晁补之、张耒），才有了曾巩、曾布两兄弟，才有了"伟大的改革家"王安石。宋代文化盛世的基础奠基于欧阳修。

王安石未成名时，曾巩极力撺掇他去拜见欧阳修，王安石没答应。几年后，欧阳修才见到了王安石，作诗"翰林风月三千首，吏部文章二百年"大赞之。谁知王安石孤傲得很，回赠诗作"他日倘能窥孟子，此身安敢望韩公"，自比孟子，把欧阳修比作韩愈。欧阳修见了，也不以为忤。

欧阳修在颍州时，发现吕公著虽行事低调，但品行高尚，推荐给了朝廷。吕公著由此开始发达。陈执中向来不喜欢欧阳修，欧阳修一次经过他的地盘，陈执中拒不相见。后来陈执中回朝为首相，欧阳修更加不敢上门了。后来，陈执中被贬亳州，欧阳修起草诏书，陈执中以为欧阳修肯定会借机数落他一番，谁知欧阳修写道："杜门却扫，苦避权贵以远嫌；处事执心，不为毁誉而更变。"意思是不趋炎附势，远避权贵；内心淡定，不因为人们说好说坏而改变。陈执中读后大惊，说道："知我深者都说不出这话，真恨自己早时没有结交此人。"

北宋仁宗年间，朝廷有"四真"，即富弼为相，人称"真宰相"；欧阳修任翰林学士，人称"真翰林学士"；包拯任御史中丞，人称"真中丞"；胡瑗在太学任侍讲，人称"真先生"。天下之望一时集中于朝廷。

欧阳修说："我平生作文章，多半在'三上'，即马上、枕上、厕上。因为只有这时才能休息下来，好好构思。"

欧阳修在汝阴时，有一歌伎聪明异常，把他的诗词都记下来了。欧阳修很高兴，约好以后再来相见。几年后欧阳修再来时，歌伎已不在。欧阳修不禁遗憾惆怅，作诗道："柳絮已将春去远，海棠应恨我来迟。"再后来，苏轼前来汝阴，看到欧阳修的诗，会心一笑，说道："杜牧有'绿叶成阴子满枝'的遗憾，欧阳公也和他一样，性情中人啊！"

欧阳修一婚娶的是胥夫人，二婚娶的是名臣薛奎的第四女。而欧阳修同科的状元郎王拱辰，娶的是薛奎的第三女。后来，王拱辰的夫人、薛家三姐去世，王拱辰又娶了薛奎的第五女，与欧阳修还是连襟，这次却成了欧阳修的妹夫。欧阳修写诗调侃道："旧女婿为新女婿，大姨夫作小姨夫。"

《新五代史》是一部私修正史，乃欧阳修一人所编。后人对这部书的史学价值存在争议，但是对其文学价值则一致称赞，认为可以与《史记》相媲美。其中《伶官传序》一篇尤其著名，批评后唐庄宗李存勖，"故方其盛也，举天下之豪杰，莫能与之争；及其衰也，数十伶人困之，而身死国灭，为天下笑。夫祸患常积于忽微，而智勇多困于所溺，岂独伶人也哉"！伶人，指戏子。李存勖早年英明神武，天下豪杰都不能与之相比；做了皇帝后，沉迷于戏曲，最终身死国灭，成为天下人的笑柄。

欧阳修晚年自号"六一居士"。有人问什么是"六一"，欧阳修说："家有藏书一万卷，集录三代以来金石遗文一千卷，有琴一张，棋一局，还常置酒一壶。"客人又问："那也不过只有'五一'呀。"欧阳修说："再加上我这个醉老头子，不正好是'六一'吗？"

欧阳修和赵概约定退休后再相聚。于是，赵概退休后来到颍州找欧阳修，两人相聚于欧阳修宅院的"会老堂"，高兴之下，赋诗记事。当时吕公著为地方官，特置酒宴请二老。欧阳修又写下两句诗："金马玉堂三学士，清风明月两闲人。"

王安石从小就聪颖好学，读书过目不忘。二十出头去参加会试，一举考中进士。据说，王安石本来应该是状元，因为文章中有一句"孺子其朋"，被宋仁宗看到了，把他降为第四名。"孺子其朋"，出自《尚书》，是周公劝诫年幼的周成王的话，意思是"你这样的小孩君主，和大臣相处应该像朋友一样"。而宋仁宗登基时也才十二岁，被太后管得死死的，就像周成王被周公管着一样，所以他一见这话，很是记恨。

王安石读书勤奋，不注意仪表，经常把自己搞得蓬头垢面的，仪表非常糟糕。苏洵就说他"囚首丧面，而谈诗书"。在韩琦手下做事时，韩琦看着他那邋遢样，还以为他晚上玩得太晚，就劝他年轻人不可虚度光阴，要多读书。其实王安石是在通宵达旦地读书，上班时来不及洗漱装扮。

王安石进入仕途后，一直在地方任职，政绩卓然。宰相文彦博想提拔他，被他拒绝。王安石的想法是，要么不进中央，进中央就要做宰相，在朝廷推行改革。可是宋仁宗无意改革，宋英宗上台后召他进京，也被拒绝；直到年轻的宋神宗登基，君臣相见，惺惺相惜，王安石才进入中央任职，从而开始了伟大的"王安石变法"。

王安石变法过程中，出现了"天变不足畏，祖宗不足法，人言不足恤"的流言。但王安石没有驳斥，反而觉得和他所想一致："天变不足畏"，就是不畏惧自然界的灾异；"祖宗不足法"，就是不盲从前人制定的法规制度；"人言不足恤"，就是无须顾虑社会上的流言蜚语。因为坚持变法，王安石被称为"拗相公"，即性情执拗的宰相。

王安石后期，诗歌创作自成一家，世称"王荆公体"。北宋文学家张舜民评价王安石的诗，说想要一字一句来阐释它，"不可得"。南宋敖陶孙称赞王安石的诗，就像三国时邓艾入蜀，"以险绝为功"。诗歌之外，文章名列"唐宋八大家"，以说理见长；词则开宋词"豪放派"之先风。

王安石的诗《泊船瓜洲》改了好几次，特别是第三句，最初写作"春风又到江南岸"，想想，把"到"字改为"过"；读了几遍，又改为"入"

字，后来又改为"满"字等。共换了十多个字，最后才定为"绿"，即"春风又绿江南岸"。

王安石写作《字说》，多穿凿附会之处。苏轼向王安石请教"坡"字的含义，王安石回答："坡，就是土的皮。"苏轼听了，反问道："那么，'滑'是水之骨吗？"王安石顿时哑火了，不知道怎么作答。

王安国是王安石的弟弟，未曾拜师学习，文章却写得非常不错。他多次参加科举仍未中第，最后靠着王安石的功劳才谋取到一个官职。欧阳修为此作诗道："自惭知子不能荐，白首胡为侍从官。"意思是，我了解你的文章与为人，却不能向皇帝举荐你，真是惭愧。

王安国的七言诗佳句甚多，很有唐诗风韵，如"桧作寒声风过夜，梅含春意雪残时""平地风烟飞白鸟，半山云木卷苍藤""若怜燕子寒相并，生怕梨花晚不禁"。

王安国的词也擅名一时，特别是其《减字木兰花·春情》，"今夜梦魂何处去，不似垂杨，犹解飞花入洞房"几句，写思春情绪，别有一种风情。

古文宋六家中，欧阳修出生早、成名早，是文坛前辈和当时领袖，而曾巩和王安石则年岁相当，早年即以文相交。曾巩后投入欧阳修门下学习古文，得益良多，又通过欧阳修，与范仲淹等人有了书信往来。这些当世名人给了他无形的帮助。

"唐宋八大家"中，曾巩在今天的读者印象中声名不显，甚至被当成是"凑数"的，这种认识，实在是大错特错。当代学者钱锺书曾高度评价曾巩的诗文："在唐宋八大家中，曾巩的诗歌远比苏洵父子好，绝句的风致更比王安石有过之而无不及。"

曾巩擅长策论，被人评为集司马迁、韩愈两家之长。王安石说："曾子文章众无有，水之江汉星之斗。"称赞曾巩的文章犹如长江、汉江之水，仿佛天上北斗星，罕有匹敌。苏轼认为："曾子独超轶，孤芳陋群妍。"意思是曾巩的文章不同于一般人。朱熹也推崇他，叹息"何世之知公浅也"，即懂他的人不多。曾巩诗文对明清文坛影响很大，追随者很多。

曾巩年纪轻轻便名扬天下，十八岁结识王安石，两人年岁相当，结为至交。去拜见文坛前辈欧阳修，又得到欧阳修的激赏，曾巩后来更是拜欧阳修为师，学习古文创作。而王安石能够进入欧阳修的视野，还是曾巩推荐的。除诗文创作外，曾巩还是一个实干型官员，他在地方任职时，为百姓做了不少实事、好事。

苏轼的父亲苏洵，自号老泉，世称苏老泉。苏洵读书比较晚，二十五岁才开始。但总自以为聪明，不认真，在第一次乡试失败后，才深刻自我检讨。他取出自己的旧作，翻看一遍后扔进火堆烧了个干净，说道："什么东西，狗屁不通！"从此，苦读《论语》、《孟子》、韩愈文，发誓书没读熟前，不写任何文章。

苏洵发愤读书后，态度有了巨大转变。一年端午节，妻子给他准备了粽子和一碟白糖，送去书房让他吃。中午时，妻子进屋收拾盘碟时，发现粽子已经吃完，糖碟却原封未动。原来苏洵只顾专心读书，把砚台当成糖碟，本来是粽子蘸糖的，结果却成了粽子蘸墨，吃得嘴上一片黑。

苏洵带着两个儿子苏轼、苏辙进京赶考，考后，来拜见欧阳修。欧阳修很喜欢他的文章，夸赞说可与刘向、贾谊相媲美。于是，苏洵文名大盛。同时，他的两个儿子又高中进士，一时间"三苏"的文章成为考生们争相学习的范文。时人都说："苏文生，吃菜羹；苏文熟，吃羊肉。"就是说熟读三苏的文章，定会高中，以后就能吃羊肉、享富贵。

苏辙参加殿试时，策论文章大谈宋仁宗后期的政事得失，批评很多。苏辙也有自知之明，对能不能考中没抱多大希望。谁知考官们虽然意见不一，有人判为三等，有人判为四等，有人认为是对皇帝不恭，不予录取；但仁宗本人很宽容，说道："我们要求考生直言，不能因为直言了朝政就黜落他，那样天下人会怎么说呢？"所以，最后还是录取了苏辙。

苏氏兄弟感情很好。王安石变法时，苏辙在地方上为官，苏轼便自请外出，要求到离苏辙近的地方为官，但是没获批准。之后苏轼因"乌台诗案"被关起来，苏辙上书请求代兄赎罪，不获允许，苏辙被贬职，并罚五年不得升调。

苏辙性格方直，常因直言被贬。晚年被发配雷州，没有公家房子住，只好租民房。宰相章惇不乐意，以苏辙强占民房为名，要求治罪。后来，章惇失势，也被发配雷州，轮到他租房子时，老百姓都不肯租给他，说以前我把房子租给苏辙，差点被章丞相害得我家破，如今再也不敢租了。

作为"唐宋八大家"的最后一位，苏辙写得比较多的是政论和史论，而以史论为上，名篇如《六国论》，入选过中学语文课本。但他自认为写得最好的是书信杂文。苏轼曾这样评价弟弟道：苏辙的文章"实胜仆（我）"，只是我的名声盖过了他，世俗不太了解而已。

诗人苏舜钦爱喝酒，他读《汉书·张良传》，读到张良谋划行刺秦始皇，抛出的大铁锥没砸中秦始皇时，一拍桌子，叹息一声，说："可惜呀可惜，没有成功。"于是端起酒杯，喝了满满一大杯。又读到张良和刘邦相遇，对刘邦说："天下大乱，烽火四起，竟让我与您在陈留相遇，这是天意啊！"他又拍案大叫："原来君臣相遇如此不容易。"又喝一大杯。

苏舜钦晚年买了一处废旧庄园，花费四万贯钱，重新改造后，庄园焕然一新，特别是傍水造了一座亭子，用屈原《渔父》中"沧浪之水清兮，可以濯吾缨；沧浪之水浊兮，可以濯吾足"词句，题名为"沧浪亭"，又自号"沧浪翁"，并作《沧浪亭记》。欧阳修应邀创作了《沧浪亭》长诗，羡慕苏舜钦"清风明月本无价，可惜只卖四万钱"。自此，"沧浪亭"的名声大振。

苏舜钦和梅尧臣合称"苏梅"，又和欧阳修合称"欧梅"。欧阳修自认为论写诗，比不上梅尧臣。陆游认为，欧阳修的文章、蔡襄的书法、梅尧臣的诗，是北宋时期鼎立的"三家"。后人则推崇梅尧臣为宋诗的"开山祖师"，从他开始，唐诗、宋诗有了截然不同的特点。

梅尧臣诗名很大，皇宫中常有人愿意花重金购买他的诗篇，但是梅的官儿一直做不大，仕途惨淡。他被派去修撰唐书，跟妻子说："让我去修书，这是猢狲入布袋了。"意思是要被约束起来了，这就是"猢狲入布袋"的典故。妻子的回答也很妙："让你去做官，就是鲇鱼上竹竿。"让一条鱼去爬竹竿，自然是一直在竹竿底部打滑，意思是梅尧臣没有做大官的命。

梅尧臣不慕权贵，特别是在京城期间，从不去权贵之家走动，哪怕是好友欧阳修，在京做着高官，梅尧臣也不愿前往。于是欧阳修等人只好反过来，前往他家做客。

梅尧臣辅助欧阳修主持进士考试，读到苏轼的考卷《刑赏忠厚之至论》，其中有"皋陶为士，将杀人，皋陶曰杀之三，尧曰宥之三"之语。两人就此句讨论了起来。欧阳修说："这个典故有点偏，你可知出自何书？"梅尧臣说："偏就偏呗，觉得好就行了，为何要问出处？"后来苏轼去拜访欧阳修，欧阳修又问起那句话的出处，苏轼的回答竟与梅尧臣一模一样："为何要问出处？"

梅尧臣有一个习惯，跟唐朝诗人李贺很相似，那就是随身带一个小袋子（"诗囊"），袋子里不装金银珠宝，也不装手机、游戏机，而是装诗句。每有什么灵感，想到一个半个句子，就赶紧写下来，装进袋子存着。

诗人常秩早年隐居，皇帝一再征召都不愿出山当官。欧阳修听说后很敬重，写诗道："笑杀颍川常处士，十年骑马听朝鸡。"意思是我每天早起（听朝鸡）晚归，让常秩知道了，恐怕要笑话我。但是后来王安石当宰相，常秩出来做官了，苏轼便把欧阳修的诗改了："笑杀汝阴欧少保（欧阳修），新来处士（指常秩）听朝鸡。"一天早朝大雪，常秩和百官在等待上朝，感觉寒气刺骨，不禁后悔起来，想起欧阳修的诗，也自嘲道："冻杀颍川常处士，也来骑马听朝鸡。"

三 儒者之风

范仲淹　韩亿　司马光

宋初藏书家宋敏求，一个人带火了一片房地产！他家藏书多，而且还愿意外借；自己又知识渊博，为人热情，只要是向他请教学问，他都热情对待，帮助人进步。因此，他家旁边的房子，都被士大夫们租了去，供不应求之下，房租暴涨。

名臣范仲淹，两岁时父亲去世，母亲带着他改嫁到朱家，范仲淹也因此改名为"朱说"。后来范仲淹以"朱说"之名考中进士，进入仕途。数年后，申请归宗，恢复了范仲淹的名字。

范仲淹到晏殊管辖下的应天书院当教授，喜欢谈论天下大事，一谈就慷慨激昂，用精神激励士大夫们。慢慢地，塑造出了一群严以律己、崇尚品德的士大夫，矫正了五代以来的不良风气。书院学风得到大的转变，范仲淹也为自己赢得了很大的声誉。

范仲淹敢于给太后、皇帝直谏，当时是刘太后主持朝政。一年冬至，仁宗皇帝想率领百官给太后祝寿。范仲淹认为不妥，直接给皇帝上奏疏，说："这不合礼仪。皇帝如果要尽孝心，应该在内宫行家人礼，这符合事奉亲长之道；与百官朝拜太后，是为臣之礼，这有损皇帝威严。"又给刘太后上书，说皇帝年龄大了，您应该还政仁宗。旁人都为范仲淹捏一把汗，范仲淹自己则说："只要有益于朝廷社稷，就应该直接说出来，哪怕招来杀身之祸，也绝不阿谀奉承，在所不惜。"

一年，天下大旱，饿殍载道，范仲淹很着急，奏请朝廷派人视察并赈灾，仁宗没有理会。范仲淹很生气，直接质问仁宗："如果宫中没有吃的了，哪怕半天，陛下想想会怎么样呢？"仁宗幡然醒悟，派范仲淹去视察、安抚。

范仲淹不满宰相吕夷简把持朝政，对其提出批评。吕夷简诬蔑他"勾结朋党、离间君臣"，把他贬出了京城。欧阳修支持范仲淹，写了《朋党论》，旗帜鲜明地提出"小人无朋，惟君子则有之"的观点，也被贬。蔡襄则写作《四贤一不肖》诗，称赞范仲淹、欧阳修等四人（"四贤"），而批评谏官高若讷（"一不肖"）对范仲淹被贬之事一言不发，因而也被贬斥。此事闹得很大，范仲淹敢言之名传遍天下。

范仲淹一生被贬黜三次。第一次因为触怒刘太后被贬，同僚们相送，激励他道："此行极光（荣）。"后来为谏官，因郭后被废事极谏，又被贬，同僚送时又说："此行愈光（荣）。"第三次因向朝廷进献百官图而触怒宰相被贬，老朋友们再来相送，说道："此行尤光（荣）。"范仲淹受不了了，说："我已经三'光'了，你们再送，就送点肉来吃啊！"

范仲淹虽多次因谏被贬，但没有被吓退，朋友梅尧臣劝范仲淹，要少说少做，自己逍遥快活就好。范仲淹不认可，提出"宁鸣而死，不默而生"。后来，还在其传世名篇《岳阳楼记》中，表达了"先天下之忧而忧，后天下之乐而乐"的爱国爱民情怀。这些句子都成为后世传诵的名言警句。

范仲淹年轻时的愿望是"不为良相，则为良医"。一次去求签，开始问将来能否当宰相，结果没应；又问能否做良医，结果还是不许。范仲淹叹息地说："大丈夫就该为百姓谋利造福，不能做良相，就做良医，还能有别的选择吗？"

范仲淹给别人写墓志铭，写好后拿给友人尹洙看。尹洙看后说："我觉得你把转运使写作刺史，知州写成太守，不是很妥。当然，这样子看起来清雅古隽，但现在已没有这些官职，后人看了必然心生疑惑。你的文章已经很出名，必然成为后代人的典范，不能够不谨慎啊！"范仲淹听后连连点头，接受了他的意见。

范仲淹善于识人。狄青还是个下级军官时，范仲淹教他读《左氏春秋》，说道："当将领不懂历史，就会没有长远眼光，就只是匹夫之勇。"后来，狄青成为一代名将。张载少年时，喜欢谈论兵法，范仲淹认为他更适合做学问，说道："儒者自有名教可乐，何必去钻研打仗呢？"张载听了他的话，成为一代大儒。范仲淹又称赞富弼是"王佐之才"，把他推荐给晏殊，晏殊纳为女婿。杭州官员苏麟向范仲淹自荐，献诗一首：近水楼台先得月，向阳花木易为春。范仲淹大为赞赏，当即向朝廷推荐此人。

范仲淹在绍兴一带做官的时候，有个小官死了，只留下孤儿寡母。范仲淹捐了几百钱给她们，又给她们买了一条船送回家。还派了一个老吏护送，对他说："过关有人查问时，把我这首诗给他们看。"老吏打开一看，只见纸上写着："一叶轻帆泛巨川，来时暖热去凉天。关津若要知名姓，此是孤儿寡妇船。"

范仲淹买了一块地，准备建宅子，有个风水先生说："这块地是风水宝地，当世世代代出大官。"范仲淹说："那我不敢一个人独吞了。"就捐了出来建学舍，后来建了苏州府学。

某人路过洛阳，看到一个老翁在墙角晒太阳，有乡人过来对老翁说："您家的黄牛被人偷了！"老翁听了，不闻不问，依旧晒太阳。不一会儿，又有乡人来告诉他说黄牛被盗，老翁还是不理会。该人很奇怪，上前打听，老翁笑着说："这是范公的地盘，他的子民没有做盗贼的道理。"后来黄牛果然回家了。这里的"范公"指范仲淹的儿子范纯仁，当时正在洛阳做官。

范纯仁的家里多门客，官越大门客越多。没办法，他只好买了几十床布被来招待门客。于是时人说："孟尝有三千珠履客，范公有三千布被客。"孟尝君，战国四公子之一，手下门客三千，多用珍宝招待。

范仲淹以俭朴为家风，后代子孙严守教导。一次，他的儿子范纯仁招待晁端彦，晁端彦发现饭菜上有两片肉，回来就对人说："不得了呀，范公家风变了！"旁人一问，才知道是什么情况，不禁都乐了。

宋初名臣韩亿、李若谷两人，年轻时都穷得很，进京赶考，两人加在一起，只有一床草席，一条毯子。于是两人平分，各用一半。出门拜见达官贵人，谁去拜见，谁做主人，另一人假装仆人。李若谷先中进士，去地方上任，为妻子牵驴，而韩亿帮着背箱子。快到工作之地，李若谷与韩亿告别，说道："箱子里只有六百钱了，我们各分一半吧。"说罢两人大哭别去。后来韩亿也中了进士，于是两人世代相互结为儿女亲家。

李若谷官至吏部侍郎、太子太傅。李若谷教门下弟子为官之道，授以"清、勤、和、缓"四字方针，弟子觉得不理解，说："为官要清廉、勤政、和气，我懂，为什么还讲究'缓'呢？"李若谷回答："天下哪件事不是因为太匆忙而办坏了的呢？"

韩亿一共有八个儿子，其中韩绛、韩维、韩缜都官至宰相。韩绛排名第三，人称"三相公"。因为家门前有梧桐树，京城的人叫他们"桐木韩家"。韩绛死后，陆佃写诗道："棠棣行中排宰相，梧桐名上识韩家。"

韩维在杭州做官，每到春天就不干事，只在西湖上摆下十人的餐桌，看到有读书人经过就拉入席，拉满九人为止。他也不问别人是谁，只管一起饮酒作乐。有人就问他："您也不问问他们，万一有人不想入席呢？"韩维就说："你个年轻人不懂我们老年人啊！你想想看，我们还有几个春天？还能快活几年？每来一个人我都要问一遍的话，那岂不是要等到花儿都谢了？"

古时没有空调，夏天怎么避暑就成了问题。韩维在家专门挖了一个地下室，足有七丈深，但是他还是觉得不够凉。一次，有朋友从乡下来，韩维就问乡下凉不凉快。朋友回答"凉快"，韩维很吃惊，朋友解释说："乡下人没有官府那么多事，也没有穿衣戴帽的繁文缛节，因而心无杂念，光着头，拿把扇子，带着马扎，找个树荫一坐就行。东边阴凉就坐东边，西边阴凉就挪到西边。"韩维一听，连忙说："你快别说了，我的心也凉快了。"——是不是凉快，只跟心境相关。

王珪是进士出身，高中榜眼（第二名）。他写诗，爱用金玉珠璧之类的字眼，看着满眼的富贵气，人称"至宝丹"。通常的说法是，诗如其人，诗中多用富贵语，其人就能富贵如意。王珪果然做了多年宰相。这位王珪，有一个外孙女在后世极有名，正是千古才女李清照。

邵雍与周敦颐、张载、程颢、程颐并称"北宋五子"，即五位最杰出的学者。邵雍名声很大，却生活清贫，但他活得很通透，每天照样怡然自乐。当时在洛阳生活的退休高官很多，这些人出钱给邵雍建了个住宅，有园有屋，可以种种菜、养养鸡之类。邵雍很满足，称之为"安乐窝"，取安贫乐道之意，又自称"安乐先生"。"安乐窝"的典故就是这么来的。

富弼初回洛阳，向邵雍打听洛阳城中有什么新奇之事。邵雍回答说："有一巢居者，有一穴处者。"什么意思呢？退休高官王拱辰（据说可能是李清照的曾外祖父），给自己修了一个三层楼高的房子；在古代，三层楼很高了，就跟住在树上一样，所以是"巢居"。还有一位被王安石赶出朝堂的司马光，为了安静写书，在家里挖了个地窖，天天坐在里面写《资治通鉴》，这便是"穴处"。富弼听了，会心大笑。

司马光字君实，有一个老仆人，一直称呼司马光为"君实秀才"。一次，苏轼来做客，听到仆人的称呼，不禁好笑，戏谑说："你家主人早已不是秀才，而是宰相了，大家都称他'君实相公'！"老仆大吃一惊，以后见了司马光，都毕恭毕敬地尊称"君实相公"，并高兴地说："幸得大苏学士教我……"司马光直叹气："我家这个老仆，活活被苏学士教坏了。"

北宋人对自己的偶像，从不吝于表达热爱。宋神宗末期，王安石变法怨声载道，听说朝廷重新起用老臣司马光，京城民众欢呼不已。司马光进京那天，围观群众人山人海，马不能行。在司马光的宅第附近，有爬楼的，有爬树的，争着要看司马相公的风采，官府来人赶都赶不走他们。

旧党领袖司马光重新被召回京师，洛阳的旧党成员奔走相告，都来为他饯行。司马光被大家的热情感动，几杯酒下肚，意气风发，作诗道：

"不辞烂醉樽前倒，明日此欢重得无？""追随不忍轻言别，回首城楼没晚烟。"

司马光死时，京城民众罢市罢课，数万人前往吊唁。有人把司马光的画像印刷出来，作为纪念品销售，结果来买的人络绎不绝，画工因此发了一大笔财。

《资治通鉴》是司马光的不朽杰作。成书以来，历代帝王将相、文人骚客、各界要人都抢购、争读。大家对它的评价之高无以复加，称誉史书中除了《史记》，没有能与《资治通鉴》比肩的了。两部史书的作者都姓司马，因此被称为"史学两司马"。

北宋崇文轻武，最看重读书人。尤其是科举中了状元的话，那是天大的荣耀，题名当天，围观来看状元的人山人海，大街上挤得水泄不通。所以有人说："状元登第的荣耀，哪怕是将军带兵十万，把宋朝人最为心心念念的幽蓟二州失地收复回来，也比不上。"

（四） 南宋诗坛

范成大　尤袤　杨万里　戴复古　刘克庄　韩元吉　萧德藻

范成大是日记、游记大佬，走到哪儿，写到哪儿。出使金国，写了日记《揽辔录》。上任静江府（今广西桂林），路途遥远，又是水路，又是陆路，路程三千里，历时三个月，于是著游记《骖鸾录》一卷，书名来自韩愈咏桂林的诗句："远胜登仙去，飞鸾不假骖。"离任成都回家，著游记《吴船录》二卷，因全是水路，书名就从杜甫的诗句"门泊东吴万里船"中，取了"吴船"二字。

南宋孝宗想任命范成大为宰相，听人说他不懂农业，就作罢了。范成大很郁闷，就回家写田园诗去了，一连写了十六首。当然，实际情况是，这组诗写于范成大晚年退休后，总计六十首，是中国古代田园诗的集大成之作，影响非常大。

尤袤（mào）目睹两淮地区金兵所过之处，人民惨遭蹂躏，孤苦无依，于是写下《淮民谣》进行实录："流离重流离，忍冻复忍饥；谁谓天地宽，一身无所依。"

尤袤与范成大、杨万里、陆游并称为南宋"中兴四大诗人"，但尤袤流传下来的诗歌最少，因为他的大量诗稿和著作，在一次大火中被全部焚毁。现存的五十九首诗，也是他的后人、清朝的尤侗，从各种记载中搜寻出来的，非常珍贵。

杨万里的诗自成一家，人称"诚斋体"（杨万里号诚斋），有新、奇、活、快及风趣幽默等特点。如其作品《檄风伯》中一句："风伯劝尔一杯酒，何须恶剧惊诗叟！"（风呀风，劝你喝下这杯酒，我们就是好朋友，再不要这么气势汹汹，吓唬我这个写诗的老头！）就是很好的例子。

杨万里到地方上检查工作，地方官宴请他。席间请了一个歌伎唱歌助兴，中间唱了"万里云帆何时到"一句。杨万里立马说："万里昨天到的。"地方官一听歌词竟然犯了杨万里的名讳，羞愧不已。

韩侂胄（tuō zhòu）当宰相时，建了一个大宅子，让杨万里给他写篇文章，说写好后提拔他。杨万里说道："我宁愿丢官也不写。"于是辞官回家。这期间韩侂胄的越来越威风，杨万里家人都不敢让杨万里读书看报。一天，一个侄子过来告诉他韩侂胄的治国情况，杨万里忧愤地写下遗书："奸臣当道，社稷危殆，报国无门，唯有孤愤。"写完就去世了。

南宋"江湖诗派"的代表人物戴复古，青年时来到京城临安寻梦。但是京城的水太深，诗人太多，他只是个无名青年，最后只能是"真龙不用只画图，猛拍栏干寄三叹"，遗憾地离京而去。戴复古又想着从军杀敌，立下军功，衣锦还乡，于是来到宋金边境。谁知道看到的是"吾国日以小，边疆风正寒"的局面，漂泊一段时间，个人出路方面仍然是"活计鱼千里，空言水一杯"。

戴复古外出十年，一无所获归来，发现结发妻子已经一病身亡。墙壁上有妻子病中留下的两句题诗："机番白苎和愁织，门掩黄花带恨吟。"戴复古黯然神伤，两个儿子只有十多岁，看着这一切，他面对亡妻的遗像痛哭流涕，悔恨交加："求名求利两茫茫，千里归来赋悼亡。"

遭遇家庭变故之后的戴复古转向广交诗友，于是，诗歌创作有了大丰收："蹭蹬归来，闭门独坐，赢得穷吟诗句清。"人生之路也开始打开，官商士僧纷纷前来求结交。他们结社吟诗，饮酒游玩，形成了知名的江湖诗派。

"江湖诗派"的另一位重要诗人刘克庄，本想安心创作，一心做文人，不去做官。三十八岁时没办法，到建阳县担任了县长。刘克庄干一行爱一行，竟然戒掉了诗瘾，一心一意为民办事，很有实绩，声名远扬。

刘克庄作梅花诗百首，其中有两句说道："东风谬掌花权柄，却忌孤高不主张。"意思是梅花开放跟春风无关，春风真是白掌百花开放之权了。当权的人听说后，以为是在讥讽自己，要抓他下狱，后来只贬官了事。

十年后，刘克庄又作访梅诗："梦得因桃数左迁，长源为柳忤当权。幸然不识桃并柳，却被梅花累十年。"刘禹锡（字"梦得"）写了两首桃花诗，最后被一贬再贬；李泌（字"长源"）作《咏柳》，被杨国忠认为是"指柳骂杨"，讽刺他，也贬了他的官。刘克庄说，幸好我不认识桃和柳，不然就要和刘禹锡、李泌一样的遭遇了，不过我同样因为咏梅诗，被耽搁了十年。

宋室南渡后，宋朝的臣子怀着屈辱之情出使金国，往往心情复杂，写下了很多感情真挚的诗词，后世称之为"使金文学"。韩元吉便是这样一位作者，他的使金词《好事近》就特别出名，尤其是这一句传诵远近："惟有御沟声断，似知人呜咽。"

据韩元吉诗文，他一生结交的朋友上百位，而重要的有四位：吕祖谦，与朱熹、张栻并称"东南三贤"，是韩元吉的女婿，却先他而逝；陆游，与他交往时间最长的朋友；朱熹，他学术上的诤友；辛弃疾，他退居上饶时来往最密切的朋友。

朱熹得到韩元吉的诗集，非常喜欢，打开就读，从白天读到夜晚。读累了也不停下，让弟子读给他听，读完时已经五更了。朱熹意犹未尽，说道："读完了？一生作诗，怎么一晚上就读完了？"

韩元吉（字无咎）去世后，陆游时常想念他。一次看到以前韩元吉给他写的信，忽然鼻酸，写诗纪念："龙图老子今安在？把卷灯前泪满衣。"陆游还经常梦到韩元吉，醒后作诗记录："诸公逝不久，幽梦忽相等。"还有一次梦到与韩元吉同回京口，游赏风景，诗歌唱和。一觉醒来，才知道是南柯一梦，伤感地作诗道："旧游忽堕五更梦，举首但觉铁瓮高。"

诗人萧德藻被派到湖州乌程做县令，因爱上当地的山水之美，就留下隐居了起来，没再出去做官。因为当地有千岩之风景，所以自号"千岩老人"。

萧德藻在湖南零陵的旅馆中认识了杨万里，相谈之下成了好朋友。第二天，萧德藻要走，作诗一首相告别，杨万里和诗一首回赠。萧德藻对杨万里说："我俩挺有意思的，订交像订婚一样，各给了对方一首诗。"

后人评论说："如果萧德藻不早死，杨万里应该在他后面。"由此可见，萧德藻在南宋诗坛上的地位。他的《樵夫》诗："一担干柴古渡头，盘缠一日颇优游。归来涧底磨刀斧，又作全家明日谋。"写出了劳动人民的真实生活，历来评价甚高。

萧德藻的《古梅》诗："湘妃危立冻蛟背，海月冷挂珊瑚枝。丑怪惊人能妩媚，断魂只有晓寒知。"历来被人评价很高，认为是他最好的诗。近代诗人陈衍评论道："梅花诗之工，至此可叹观止，非林逋所能想到。"

萧德藻还曾以幽默诙谐的风格写作了一篇寓言《吴五百传》：有一个疯僧，每天喝醉了在街上打人，被县官抓了起来，派一个姓吴的"五百"（五百是古代差役的别称），把他从苏州押解回安徽原籍。这天晚上，僧人把吴五百灌醉后逃了，逃之前做了一件事：给吴五百剃了个光头，换上犯人的衣服，戴上刑具。第二天，吴五百醒来，发现只剩下自己一个人，看着身上的囚衣、刑具，摸摸自己的光头，大叫一声："和尚在这里，我到哪里去了啊？"萧德藻在最后写道："世界上丢失了'我'的，只有吴五百吗？"风趣之外，寓有深刻哲理。

唐朝王勃有名作《滕王阁序》，南宋诗人吴潜也有一首写滕王阁的词，后世评价很高，名句如"岁月无多人易老，乾坤虽大愁难著"，人老了，岁月已不多，世界虽大，我的愁却无处安放。他另有一句"报国无门空自怨，济时有策从谁吐"，也很令人唏嘘。

宋末诗人莫崙登山游玩，见风景秀丽，很是开心，不觉朗诵了一首唐人绝句："终日昏昏醉梦间，忽闻春尽强登山。因过竹院逢僧话，又得浮生半日闲。"又进入山上寺庙和住持聊天，发现住持庸俗不堪，话不投机想走，却被住持一再挽留。莫崟郁闷之下，写诗道："又得浮生半日闲，忽闻春尽强登山。因过竹院逢僧话，终日昏昏醉梦间。"——完全相同的内容，颠倒一下顺序，意思便全变了样。

南宋诗人仇万顷，未做官时，只能靠卖诗为生。他卖诗的标准是：根据客人的要求来作诗，每首诗三十文，价格比较高，所以必须一口气作完；如果中间有停顿，则扣钱十五文。

南宋宁宗时，朝廷喜欢用前朝老人，提拔了一位做宰相，但是一直没啥作为。宰相对门客说道："前来拜见我的，我都会颠颠地去见。社会上有什么舆论没有？"门客向来滑稽，说道："自从您当了宰相，'烛影摇红'词就在社会上火了起来。"宰相忙问何故。门客说道："这首词的最后几句是'几回相见，见了还休，争如不见'（作者为宋英宗的驸马王诜）。"意思是见了宰相得不到提拔，还不如不见。

大儒朱熹有一绝句说道："川原红绿一时新，暮雨朝晴更可人。书册埋头何日了？不如抛却去寻春。"意思是去书上寻章摘句，不如去大自然寻找春天。他的对头、心学大师陆九渊听说后，说道："朱熹悟了。"

朱熹的父亲信风水，曾经找了块地问风水大师富贵如何。大师掐指一算，良久说道："富贵说不上，但是后代是孔夫子一般的人物。"后来果然生下了朱熹，成为理学大师。朱熹在同安做官的时候，有个地痞强行抢了一块好地，朱熹生气地题字道："此地不灵，是无地理；此地若灵，是无天理。"后来抢了这块地的人家果然没有发达。

南宋文学家洪迈曾在一间破屋子的墙壁上读到一首诗，那是一首咏

"油污衣"的绝句："一点清油污白衣，斑斑驳驳使人疑。纵饶洗遍千江水，争似当初不污时。"意思是，一件沾上了油污的衣服，无论怎么洗，洗得如何干净，都不如最初没有沾染污点的时候。衣服如此，人不更是如此？洪迈读后非常喜欢，时刻牢记在心。

洪迈的《容斋随笔》内容非常丰富，涉及历史、文学、哲学、艺术等方面，被《四库全书·总目提要》定为南宋笔记小说之冠。

苏轼曾经在翰林院做诏书起草工作，后来洪迈也负责这一工作。每回写完诏书，洪迈自己读一遍，觉得扬扬得意，顾盼自雄。一次，洪迈问一位翰林院的老书吏："听说你伺候过苏大学士，依你看，我和苏轼谁写得更好？"老书吏回答："您和他写得一样好，但不一样的是，苏大学士写文章时从来不用翻资料书。"

大宋词人三百年

　　词这一体裁，从民间走向士大夫，并真正走上文坛，得从"花间派"说起。由"花间派"的两位祖师温庭筠、韦庄起头，中经南唐二主，再到宋代，词的格局渐大。

　　就像诗之于唐一样，词之于宋，也是名家如群星璀璨、名作似大海广阔。柳永、苏轼、黄庭坚、秦观、晏幾道、周邦彦、贺铸、李清照、辛弃疾、姜夔、张炎……

从晏殊到柳永

晏殊　张先　宋祁　柳永

北宋前期，晏殊承五代而开宋词婉约之风；欧阳修、范仲淹在因循中求变，张先、宋祁贴近生活，王安石作词如作诗；词至柳永而一变，"如诗家之有白居易"。

晏殊的文章内容丰富，典雅华丽，"为天下所宗"。他的词创作尤其著名，开宋词婉约之风，同时被认为是词学发展中承前启后的人物，从"伶工之词"向"士大夫之词"转变的过渡者。近代学者王国维在《人间词话》中提出"古今之成大事业、大学问者，必经过三种之境界"，其中第一境界，引用的正是晏殊的名句："昨夜西风凋碧树。独上高楼，望尽天涯路。"

晏殊是历史上的著名"神童"。他七岁能文，十五岁时皇帝特批让他参加殿试，晏殊以超快的速度完成了答卷，宋真宗对其文学才能大加嘉赏。在进行诗、赋、论的考试时，晏殊又站出来说："这些题我都做过，请另换一些试题给我做。"真宗对他的人品又表示了赞赏。

晏殊科考高中，留京做官。当时天下太平，官员们都喜欢到处游山玩水，饮酒作乐。晏殊家穷，没钱外出游玩，只好在家与兄弟们读书学习。宋真宗知道情况后，对晏殊非常欣赏，直接点名他给太子上课。宰相问原因，真宗说："您看看现在的官员，只知道吃喝玩乐，只有晏殊在闭门读书，这么优秀和端正的人，不正是太子的好榜样、好老师吗？"晏殊上任后，对真宗说道："不是我不喜欢玩，只是我家里穷。"质朴、厚道的语言，又一次打动了真宗。

晏殊善于识人，乐于提拔人才。后来的知名大臣范仲淹、孔道辅、王安石等均出自其门下；韩琦、欧阳修等因他的推荐，得到重用；富弼、杨察在贫穷的时候，晏殊看出了他们能成大事，把两个女儿分别嫁给了他们。后来晏殊当了宰相，范仲淹、韩琦、富弼等人皆受重用，中央政府人才济济，皆为"一时之贤"。

富弼、杨察都是晏殊的女婿，但两人风格不同。富弼前来拜访，晏殊必定会在书房接见叙谈，多是文雅之事。杨察来，晏殊就摆酒接待，还叫美女出来唱歌跳舞。

晏殊对欧阳修有提携之恩，但后来两人反目成仇。原因是一年冬天，晏殊邀请欧阳修等在家宴饮。开心之际，欧阳修作诗道："主人与国共休戚，不惟喜悦将丰登。须怜铁甲冷彻骨，四十余万屯边兵。"当时，正值北宋与西夏打仗，欧阳修此诗有讽刺宰相晏殊不顾边关战事、只知自己享乐的意思，晏殊很不高兴，事后对人说道："欧阳修这个家伙，平时骂骂咧咧没什么。今天众文友都在，你给我唱这出？"之后两人经常互相攻讦。晏殊说："欧阳修这个人文章写得可以，但人品太劣！"欧阳修则说："晏老师小令写得好，诗次之，文差，为人做事最差！"

晏殊爱宋祁之才，两人关系友善，但是因为一件事，两人也闹翻了。

当时有人向宋仁宗进言说："传言有个叫晏殊的人将来会当皇帝，这个人不宜重用。"仁宗信了，罢了晏殊的宰相，将他连降两级。偏偏这份降职诏书是宋祁写的，诏书里有这样两句："广营产以殖赀，多役兵而规利。"指责晏殊只知道贪财夺利，晏殊知道后，耿耿于怀。

因为诏书之事，晏殊心情郁闷，感叹自己看重的人竟对自己落井下石。后来听说有一个叫刘苏哥的妓女为爱自杀的故事，有感而发，说："想不到现在的读书人还不如一个妓女。"特地为刘苏哥写诗道："苏哥风味逼天真，恐是文君（卓文君）向上人。何日九原芳草绿？大家携酒哭青春。"

晏殊读到一人的诗："轴装曲谱金书字，树记花名玉篆牌。"又是金又是玉的，晏殊评论说："这作者真是暴发户做派啊！我写富贵是不会堆砌金玉锦绣这些词的，而是通过气象来委婉表达，如'楼台侧畔杨花过，帘幕中间燕子飞''梨花院落溶溶月，柳絮池塘淡淡风'，穷人家能有这种雅致的气象吗？"

晏殊担任地方官时，极度重视书院的发展。与白鹿洞书院、石鼓书院、岳麓书院合称宋初四大书院的应天书院（又称"睢阳书院"），正是在他的大力扶持下得到了发展。后来晏殊做了宰相，倡导在地方立州县学，同时改革教学内容，于是才有了著名的"庆历兴学"。"庆历"是宋仁宗的年号，范仲淹的《岳阳楼记》开篇提到"庆历四年春"，指的即同一时期。

张先有一首小词《一丛花令》非常出名，其中"沉恨细思，不如桃杏，犹解嫁东风"之句，被后人评价为"无理而妙"，意思是这句词写得很没有道理，桃杏怎么就嫁给东风了呢？但是，说不出道理，却又都觉得很妙。当时人称张先为"桃杏嫁东风郎中"，"郎中"是官名。张先去拜访欧阳修，欧阳修高兴得来不及穿好鞋就跑到大门迎接，说道："欢迎你这位'桃杏嫁东风郎中'啊！"

张先的词善于表现一种朦胧的美，尤以善于用"影"字而出名。如其词作《天仙子》有"云破月来花弄影"，后人因此评价他"别于秦（观）、柳（永）、晏（殊）、欧（阳修）诸家，独开妙境"。由此，他又获得了"云破月来花弄影郎中"的雅称。

张先最初被人称为"张三中"，因为他的词作《行香子》中有"心中事，眼中泪，意中人"之句。张先觉得这个绰号没抓住他的特色，对人说："何不称我为'张三影'呢？'云破月来花弄影'（《天仙子》），'娇柔懒起，帘幕卷花影'（《归朝欢》），'柔柳摇摇，坠轻絮无影'（《剪牡丹》），这才是我的得意之句，你们难道不喜欢？"于是，世人改称他为"张三影"。

张先老年时娶了个年轻的小妾，得意扬扬地赋诗道："我年八十卿十八，卿是红颜我白发。与卿颠倒本同庚，只隔中间一花甲。"苏轼也来凑热闹，即兴赋诗一首："十八新娘八十郎，苍苍白发对红妆。鸳鸯被里成双夜，一树梨花压海棠。"

张先晚年经常给官妓作词，却把其中一位叫龙靓的忽略了。龙靓不甘心，给张先写诗索词："牡丹芍药人题遍，自分身如鼓子花。"——别人都是牡丹、芍药这些名花，你给她们写词，却不给我写，难道我就是路边不起眼的鼓子花吗？张先一看，立即补上一首词，其中有："媚脸已非朱淡粉，香红全胜雪笼梅。"总之，你好看得太不一样了，比谁都好看。

宋庠（xiáng）、宋祁兄弟还未发达时，深获地方长官夏竦的青睐。一天三人游玩，以落花为题作诗。宋庠作一联："汉皋佩冷临江失，金谷楼空到地香。"宋祁续上一联："将飞更作回风舞，已落犹成半面妆。"夏竦听后说道："写落花而无'落'字，大才，以后当做宰相；小宋的有'落'字，不如哥哥，但前途也不可限量。"后来果如其言。

宋庠殿试时，一时疏忽忘了押韵，谁知主考官看他文章写得太好，居然也忘了这点，判他做了状元。事后，宋庠觉得不好意思，给皇帝写感谢信时说："掀天波浪之间，舟人忘楫；动地鼓声之下，战士遗弓。"意思是，大风大浪中，船夫忘了撑杆；战鼓喧天，士兵丢了弓箭。同样地，考试时太紧张，我忘记了该押的韵。

宋庠最初名宋郊，因为犯忌讳，皇帝让他改名为宋庠。宋庠用新名字给朋友叶清臣写信，称呼叶清臣为同年。叶清臣故意装作不认识，回信道："我是排在'宋郊'后面的第六位，但是思来想去没有'宋庠'这样一位同年。"宋庠于是作诗寄给叶清臣："纸尾勤勤问姓名，禁林依旧玷华缨。莫惊书录题臣向，便是当年刘更生。"大意是，你一个劲地问我到底是谁，我再次告诉你，我是你的同年宋庠；《战国策》等书的编者西汉刘向，原名刘更生，二者本就是同一人。

宋庠和宋祁，并称"二宋"，居然都做到宰相。做了大官后，两人生活作风截然不同。哥哥宋庠依旧艰苦朴素，唯一的娱乐就是读书；弟弟宋祁生活奢侈，整天呼朋唤友吃喝玩乐。宋庠问弟弟："还记得当年我们读书到夜半，肚子饿了只有咸菜就冷粥的情形吗？"宋祁回答："不知某年吃齑饭，是为甚底？"——当年咸菜就冷粥为的啥？为的正是可以不过苦日子呀！

宋祁每次邀朋聚友在家宴饮，虽然是晚上，但又在房子外蒙上大幕。这样，一晚上在轻歌曼舞中不知不觉过去，而客人却没有一点感觉，等大幕打开，才知道已是第二天。时人把这样的聚会称为"不晓天"。

宋祁晚年在成都任上修撰《新唐书》，依然不改奢侈作风。每天晚上，他在家里点上两根柱子大的蜡烛，侍女站立两旁，给他研磨展纸，殷勤侍候。外面的人望见，都觉得此情此景，宛若神仙。

宋祁的名句是"红杏枝头春意闹"，当时人称"红杏尚书"。宋祁去拜访张先，让人在门口通报："宋尚书来见'云破月来花弄影'郎中。"张先在屋内喊道："是'红杏枝头春意闹'尚书吗？"原来，"云破月来花弄影"也正是张先的名句。

柳永是今福建人，北宋著名的词人之一，婉约词派的最杰出代表。他字三变，世称"柳三变"，如"奉旨填词柳三变"；后来官至屯田员外郎，后世称"柳屯田"，如苏轼嘲笑秦观和柳永，"山抹微云秦学士，露花倒影柳屯田"。

优秀是从学习中而来的，据说柳永早年曾读到一首无名氏词作《眉峰碧》，里面有"窗外芭蕉窗里人，分明叶上心头滴"一句，喜欢得不行，就把它写在墙壁上，反复琢磨。

年轻时，柳永进京赶考，路过杭州，竟迷恋上当地风景而不愿离开，在此一待就是好几年。他的名作《望海潮·东南形胜》就写于此时："东南形胜，三吴都会，钱塘自古繁华。烟柳画桥，风帘翠幕，参差十万人家……"因为把杭州景物之美和都市之繁华描绘得太动人了，被广为传诵。

传说金国皇帝就是因为读到了这首词，被杭州的繁华所吸引，悍然发动南侵战争。

柳永第一次去京城参加科考时，已经名声很大，自信必然高中，谁知考试结果一出来，柳永榜上无名。原因竟然是皇帝宋真宗也听说了柳永的文名，说他的词作轻浮，亲自把柳永踢出榜单。惊愕之下，柳永破罐子破摔，写作《鹤冲天·黄金榜上》，自称"才子词人，自是白衣卿相""忍把浮名，换了浅斟低唱"，意思是，像我这样优秀的人，就该是做不了官（"白衣卿相"）；这等浮名我也不要了，我还是专心喝酒、填词去吧。

柳永一生参加了四次科举，都落第而归。后来宋仁宗特开恩科，对屡考不中者放宽录取，柳永这位"复读生"才得以圆了科举梦，结束漂泊生涯，开始走上仕途。他到浙江定海担任盐官，写了《鬻（yù）海歌》："周而复始无休息，官租未了私租逼。驱妻逐子课工程，虽作人形俱菜色。鬻海之民何苦辛，安得母富子不贫？"对百姓的困苦，对盐工的艰辛，深表同情。

有人因诗文而受赏识升官，有人因文而蹉跎，柳永就是其中之一。柳永在地方政绩不错，口碑很好，但一直没有得到升迁。于是，他向朝廷进献新词《醉蓬莱·渐亭皋叶下》，朝廷看到"太液波翻"等语，认为不吉利，就没理柳永了。

范镇和柳永是科举同年，很佩服柳永的才华，但是范镇仕途走得好，听说柳永热心写通俗艳词，非常不以为然，说："柳永的才华用错地方了。"等晚年退休后回家，到处听人在唱柳永的词，又不禁感叹道："我修史二十年，还不如柳永的词，把仁宗四十二年的太平景象都记录了下来。"

柳永长期生活落魄、漂泊多地，使得他的词写爱情、写羁旅，都感情真挚，读来令人感同身受。柳永的词又很平民化，喜欢用口语和俚语入词，突破了原有的语言限制。如"我""你""伊""自家""恁""怎""争""消得"等，不仅使得词作生动活泼，市井之人听到更感觉亲切有味，易于接受。

柳永的词不受官场正统文人喜欢。如前辈词人晏殊就很看不上柳永，柳永以词坛新人的身份去拜见他，晏殊爱搭不理，说："我可不会写'针线闲拈伴伊坐'这样的句子！"意思是，虽然大家都是作家，但你我可不是一路人。南宋学者王灼有个观点，可以说是代表了主流文坛的态度："（柳永词）浅近卑俗，自成一体，不知书者尤好之。"说柳永的词作自成一派，在文化层次较低的读者当中，很有市场。

北宋词人黄裳认为，柳永的词把当时的太平气象描绘了出来，犹如杜甫纪实的诗。有人概括为"学诗当学杜诗，学词当学柳词"。"苏门四学士"之一的晁补之，评价柳永的《八声甘州》"渐霜风凄紧，关河冷落，残照当楼"几句，一点也不逊色于唐诗名句。

柳永是当时的流行作家，他的作品在民间影响非常大，对词学创作的影响也很深远。学者王灼曾说，年轻作者们十有八九不是学柳永，就是学曹组（另一位流行作家）。一位出使西夏回来的官员说：西夏人也非常喜欢柳词，"凡有井水处，即能歌柳词"。

苏词和苏门词人

苏轼　黄庭坚　秦观

词至苏轼，开"向上一路"，"如诗家之有韩愈，遂开南宋辛弃疾等一派"（《四库提要》）。围绕在苏轼周围的作家群，他们虽受到苏轼的影响，但词风却各有特色、自成一家。

苏轼考试时写的文章，有一个典故难住了主考官欧阳修。事后欧阳修问起：你文章中的"皋陶为士，将杀人。皋陶曰杀之三，尧曰宥之三"，出自哪部经典？苏轼回答：出自《三国志·孔融传》。欧阳修转身去查书，但并无此句。苏轼解释说："曹操灭了袁绍，把袁绍的儿媳妇赏赐给了儿子曹丕，孔融知道后说：'周武王伐纣，以妲己赐周公。'曹操听了一惊，问孔融此话何出。孔融回答：'以今度之，想当然耳。'我也是取孔融的'想当然'之意。"欧阳修听毕笑了，说道："你这样用典，可谓善读书、善用书，日后文章必独步天下。"

在欧阳修的推荐下，苏轼兄弟又参加了"贤良方正能直言极谏科"的考试，苏轼又中了这个科目的"百年第一"。宋仁宗对二苏很满意，下朝后对皇后说道："我今天为咱赵氏子孙录取了两名太平宰相！"

朝廷即将举行制科考试（不定期的加科考试），很不凑巧，苏辙病了，参加不了。宰相韩琦说："这场考试，最大看点就是苏氏兄弟，如今苏辙因病要缺席，那这场考试还有什么看头，不如延期。"于是延后二十天考试。来参加这次制科考试的人很多，韩琦说："苏氏兄弟在这里，这些人也敢来参加考试，怎么回事？"这话一传出，本来报名考试的人，一多半都放弃不考了。

苏轼给著名诗人王巩写过一首诗《九日次韵王巩》，里面有一句是，"相逢不用忙归去，明日黄花蝶也愁。"为我们贡献了**明日黄花**这个成语，比喻已经过时的事物。

一日饭后，苏轼拍着肚皮问丫鬟，腹内所装何物。一人说是文章，一人说是见识，苏轼听后都摇摇头。侍妾王朝云回答："学士一肚皮不合时宜。"苏轼大笑，说道："知我者朝云也！"苏轼被贬后，王朝云不离不弃，苏轼很感动，他有一首写端午的词，最后一句"佳人相见一千年"，就是写给王朝云的。

苏轼在钱塘做官。有官妓请求脱籍从良，苏轼签署意见："五日京兆，判状不难。九尾野狐，从良任便。"**五日京兆**用的是东汉张敞的典故，比喻将要离任的长官。苏轼用"五日京兆"指自己，是诙谐的说法。总之，意思是同意了。

也有一个官妓，听说此事后也请求脱籍从良，苏轼签署意见："慕周南之化，此意虽可嘉。空冀北之群，所请宜不允。"你有从良之心，值得表扬；但是群众对你呼声很高，希望你留下来，所以你的申请，我不能同意。

苏轼去湖州做官，给神宗皇帝写感谢信。这本是例行公事，无奈苏轼是诗人，笔端感情丰富，官样文章在他的笔下也写得不一般。在文中，苏轼说自己"愚不适时，难以追陪新进"，"老不生事或能牧养小民"。这些话被新党抓住把柄，说他"衔怨怀怒""指斥乘舆"，是有意讽刺政府和皇帝。他们还从苏轼的诗作中挑毛病，把苏轼抓回京师，受牵连的达数十人。苏轼被关在御史台监狱，因御史台植有柏树，树上终年栖息乌鸦，故又被称为"乌台"，此事史称"乌台诗案"。

"乌台诗案"后，苏轼被贬黄州，收入大减，生活拮据。为了维持家里的生活开销，公务之余，苏轼不得不带领家人开荒种地——"东坡居士"之名，就是这么来的，原来指的是苏轼在城东郊开垦出的一块坡地。

苏轼连续被贬，却活得越来越洒脱。晚年被贬儋州（海南岛），把儋州当成了第二故乡，写诗道："我本儋耳氏，寄生西蜀州。"他在儋州办学兴学，教育当地人，还吸引许多人千里追寻而来。原本海南一直被视为蛮荒之地，宋代开国一百多年里，从来没人科举及第过，自从苏轼在此办学，不久就有人中了乡贡。苏轼为此题诗："沧海何曾断地脉，白袍端合破天荒。"大海隔断不了海南岛与祖国的地脉相连，如今这里也破天荒地有了科举中第的读书人。

苏轼入狱的时候，以为必死。写了两首诗，托狱卒待他死后转交给弟弟苏辙。无论狱卒怎么劝慰，苏轼都不信自己能活，只说"你若不帮我带到，我死不瞑目"。狱卒只好收下诗藏起来。后来判决下来，苏轼只是贬谪黄州，狱卒拿出诗，还给苏轼。苏轼见了，"以面伏案"，羞愧难当。这两首"绝命诗"，即《狱中寄子由二首》，其中有"与君世世为兄弟，更结来生未了因"这样的句子，写得确实有点儿"二"，把苏文豪自己给羞住了。

也有一种说法，苏轼入狱后，跟儿子苏迈约定：如果没事，牢饭就送菜和肉；一旦有不测，就送鱼肉。这样过了一个月，苏迈有事离开，请亲戚代送牢饭，却忘了叮嘱这件事。结果有一回亲戚送了份鱼肉进去，苏轼见了，如五雷轰顶，因此写下《狱中寄子由二首》，请狱卒送出。这里苏轼要了个"花招"，他知道狱卒不敢为犯人私传物品，肯定会上交，这样一来也许皇帝就能看到。果然，宋神宗见了诗，对苏轼做了宽大处理。

苏轼入狱时，他在杭州与人应和的诗都被翻了出来，有数百首，堆在一起，名为"诗帐（账）"，也就是罪证（"黑材料"）。

传说苏轼入狱是因为写诗讽刺宋神宗，要被论处死刑。宰相吴充对神宗说："您觉得魏武帝曹操此人如何？"神宗答："曹操算什么！"吴充说："皇上您看不上曹操，这是对的。然而就是曹操这么一个人，都能容得下言语讽刺他的祢衡，您怎么就不能容下一个苏轼呢？"神宗听了，赶紧说："我就是让苏轼回来把事情说清楚，可没想要杀他。"

苏轼写了字，常常当场送人。有个官妓叫李琪（或李宜），经常在场，却一直没获赠过苏轼的墨宝。这天苏轼要离开黄州了，李琪再也坐不住，直接向苏轼求字。苏轼大笔一挥，写下两句："东坡五载黄州住，何事无言及李琪。"意思是，我在黄州住了五年，怎么就从没为李琪留下点墨宝呢？随即搁笔与人交谈，久之又给忘了。到快散场时，李琪又来求，苏轼哈哈一笑，挥笔又续两句："却似西川杜工部，海棠虽好不留（或"吟"）诗。"众人赞叹这首诗续得好。李琪姑娘因"祸"得福，得了苏学士如此一首好诗。

苏轼曾经写了一首词，其中有句："何人无事，宴坐空山。望长桥上，灯火乱，使君还。"太守听说了，赶紧来警示苏轼："可别让您的这首词传了出去。按照律法，夜禁后经过长桥者，要判两年徒刑，更何况您是官员，知法犯法。"苏轼不以为意，哈哈大笑："我苏轼一生无数罪过，开口就没有徒刑在两年以下的。"

苏轼和司马光同属变法保守派，但论事意见常有不合。苏轼嘲笑司马光是"鳌厮踢"。鳌，小胳膊小腿的，四条短腿再怎么用力踢，也踢不出力量。所以苏轼的意思是，司马光的意见就好比"鳌厮踢"，尽是花架子，于实际事务毫无益处。司马光为人方正，性格固执，苏轼背地里常骂他"司马牛"，即跟牛一样固执、不知变通。

王汾的名字与"坟"同音，而刘放的"放"与"班"同音。一次，王汾拿刘放的名字说笑，道："紫宸殿下频呼汝。"——上朝时，唤班吏都会拖长声调叫着"班—班"。刘放则回道："寒食原头屡见君。"——寒食节都是要上坟的。

苏轼从海南流放回来，坐船经过江苏，两岸民众上万人围观。苏轼自嘲："这是要看杀我苏轼吗？"

黄庭坚的岳父孙觉把黄庭坚的诗文交给苏轼，让苏轼帮忙推荐。苏轼哈哈大笑，说道："你这宝贝女婿如精金美玉，想藏都藏不住，他不想近人而恐怕别人急着想靠近他呢，哪需我来为他扬名？就怕他恃才傲物，恐怕为世不容啊！"

黄庭坚名列"苏门四学士"之一，和苏轼的关系亦师亦友，但其实两人真正见面时已经很晚。1078年，三十四岁的黄庭坚写了两首诗寄给了苏轼，苏轼随即回复书信和诗歌，对黄庭坚表示了极大的赞赏，两人开始了一段诗文唱和的神交。到1086年春，黄庭坚终于见着了苏轼，两人由此开始了一段最为快意的翰墨友谊生涯。

有三年多的时间，黄庭坚和苏轼同在京师，经常一起切磋诗文，谈书论画。在诗歌唱和方面，你来我往，差不多有上百篇。时人将两人并称为"苏黄"，但黄庭坚说："庭坚对于东坡而言，只是个学生。学生怎么能和老师并列呢？这个次序错不得。"所以，黄庭坚对苏轼始终持以弟子之礼，毕恭毕敬，不离不弃。晚年，黄庭坚把苏东坡的画像挂在家中，每天早晨起来，正冠施礼。两人的情义，万古流芳。

"苏门四学士"之一的秦观，是今江苏高邮人。早年，苏轼在徐州为官，秦观前去拜会，呈诗："我独不愿万户侯，惟愿一识苏徐州。"——对这两句有印象吗？正是化用了当初李白找工作时的名句"生不用封万户侯，但愿一识韩荆州"。历史上，"韩荆州"没有看上李白，如今"苏徐州"（苏轼）对秦观却是大加欣赏，后来还称秦观"有屈（原）、宋（玉）才"。两人由此结下了深厚友谊。

秦观在京城时生活清苦，就向邻居钱勰借米。秦观给钱勰写诗道："三年京国鬓如丝，又见新花发故枝。日典春衣非为酒，家贫食粥已多时。"意思是我穷得都快把衣服典当光了，只能天天喝粥。钱勰一看，给他送了两石米。

苏轼将秦观与先秦的屈原、宋玉相比，是说他的赋作得好。另一位文坛大佬王安石，对秦观也很推崇，说他"清新似鲍、谢"，即南朝诗人鲍照和谢朓，是说秦观的诗写得好。其实秦观在文学史上最知名的，是他的词创作。他是婉约词派的重要代表，甚至被称为"首首珠玑，为宋一代词人之冠"。人们耳熟能详的名句"两情若是久长时，又岂在朝朝暮暮"，便出自秦观的笔下。

北宋词人中，秦观常被拿来和柳永对比，如苏轼嘲笑二人，"山抹微云秦学士，露花倒影柳屯田"。一次，秦观和苏轼久别重逢，苏轼说："你现在作词怎么学起柳永来了？"秦观说："没有呀，我怎么会跟他一样呢！"苏轼便拿秦观《满庭芳·山抹微云》举例："'销魂当此际'，这可不就是柳永的风格？"秦观无语。秦观确实是在柳永的基础上，完善、发展了慢词，这也是他对词学的贡献。

北宋文学鼎盛，理学也茁壮兴起，一个主张至情至性，一个讲究道德和规矩，二者难免要"打架"。理学名家程颐见了秦观，问他："'天若有情，天也为人烦恼'，是你写的吗？"秦观还以为程颐要表扬自己呢，点头称是。谁知程颐很严肃地教训他："天道尊严，怎么可以如此轻浮地说天？"说得秦观满脸通红。

不少诗人有自作挽词的习惯：陶渊明晚年作《拟挽歌辞》，杜牧给自己写墓志铭。秦观年五十，也自作挽词，第二年，在藤州（今广西藤县）游光华亭，醉后口渴，一杯山泉水下肚后，突然去世，脸上犹带笑容。

"苏门四学士"常在一起玩，互相嘲笑那是家常便饭。一个姓贾的御史弹劾秦观，张耒就嘲笑秦观，说："一千多年前贾谊写《过秦论》，你今天也荣获了这个待遇。"——"过"有批评、责难的意思，一千多年前贾谊的《过秦论》是批评秦朝，如今贾御史的"过秦论"是批评你秦观。

晁补之是神童，刚懂事就会写文章，让当地文豪大吃一惊。十七岁时，随父到杭州，游览当地风景后，写了《七述》一文。苏轼读后大加赞叹，说道："我也想作赋，现在可以搁笔了。"

晁补之到京城参加了两场考试，都拿了第一。宋神宗阅卷后很高兴，说道："这文章深于经术，文笔老到，正可以革除浮躁之气。"

宋徽宗初年，政坛动荡，晁补之先是被升官，后又被退休，遂绝情仕途。他钦慕陶渊明，自号"归来子"，命名山庄为归来园（陶渊明有文章《归去来兮辞》）。

苏轼称赞晁补之的文章"绝人远甚"，一般人比不了。后人评价晁补之的词非常出色，可与苏轼比肩。诗人陈师道评价晁补之为"今代王摩诘（王维）"。

晁补之的乐府诗民歌风味浓，其长篇歌行《芳仪怨》尤其著名，写南唐后主李煜的妹妹入宋后嫁给了一个姓孙的，又在宋辽战争中被辽圣宋掳去东北，封为芳仪的悲剧经历。其中，"秦淮潮水钟山树，塞北江南易怀土""国亡家破一身存，薄命如云信流转"几句，哀婉动人，传诵一时。

周邦彦另开新派

晏幾道　王观　贺铸　周邦彦

　　著名词人晏幾道，是晏殊最小的儿子。他继承了父亲优良的文学天赋，自幼聪颖过人，七岁就能写文章，十四岁参加科举考试，高中进士。晏幾道年轻时锦衣玉食，到父亲晏殊死后，家道中落，官场失意，生活落魄。但是生活不幸诗人幸，晏幾道的许多优秀词作，正是跟他的落魄生活息息相关。

　　爱书人最大的痛苦之一，是不能给自己的书一个安定的家，每搬一次家，装箱、打包，搬到新地方，再拆包、上架，都是一场无比劳民伤财的大工程。晏幾道也有此痛苦，由于收藏的书多，每次搬家妻子都会唠叨半天，说家里都快穷得像乞丐了，还把这些书当宝贝。

　　晏幾道的朋友郑侠反对王安石变法，画了一幅《流民图》进献给朝廷，因而被治罪。晏幾道声援郑侠，写了一首诗《与郑介夫》（郑侠字介夫），说："春风自是人间客，主张繁华得几时？"不久，晏幾道便被人以讽刺"新政"、反对变法的罪名，逮捕下狱。

　　晏幾道到颖昌（在今河南）为官，长官韩维是父亲晏殊的弟子。晏幾道献上词作，希望能得到韩维的喜爱和照顾。谁知韩维在回信中毫无应有的温情，而是板起面孔教训晏幾道，说他是"才有余，而德不足"，"鼓励"他好好锻炼，追求上进。晏幾道读后，非常失望，决心远离官场。

晏幾道比黄庭坚大七岁，比苏轼小一岁。但是他和黄庭坚关系很好，经常饮酒唱和，却拒绝与苏轼往来。苏轼曾经托黄庭坚向他转达结识的愿望，晏幾道回复道："如今的宰相，有几个不是出自我父亲门下？我都没空见他们呢！"直接拒绝了苏轼的请求。

晚年，晏幾道回到京城，这时的宰相蔡京权倾天下，想要拉拢晏幾道，几次派人去向晏幾道求词。对别人来说，这是巴结宰相的好机会，晏幾道却视为烦恼，推托不了才写了两首《鹧鸪天》："九日悲秋不到心，凤城歌管有新音。""晓日迎长岁岁同，太平箫鼓间歌钟。"词中没有一语提及蔡京。

黄庭坚和晏幾道知交甚深，总结晏幾道有"四大痴绝处"：仕途不顺，但是不动用关系去高攀权贵，一痴；文章自成一体，不肯跟着时髦鹦鹉学舌，一痴；有钱时一掷千金，家人没钱饥寒时绝不求人，又一痴；被别人辜负，却从不恨别人，始终相信别人，再一痴。——总之，是一个至情至性之人。

词人王观是江苏人，秦观也是江苏人，两人都以词著称，时称"二观"。他的《卜算子·送鲍浩然之浙东》是千古名篇，最为脍炙人口："水是眼波横，山是眉峰聚。欲问行人去那边？眉眼盈盈处。　才始送春归，又送君归去。若到江南赶上春，千万和春住。"

奉诏作词却被逐，王观就是这样的倒霉蛋。他因词深受神宗皇帝赏识，奉旨作《清平乐》，不料当权的高太后因反对变法，对变法领袖王安石不满，把王观当成王安石的学生，迁怒之下，就借口《清平乐》亵渎了皇帝，将其罢职。王观受此打击，心灰意冷，自号"逐客"，从此离开官场，一心一意搞文学创作。

王观对自己的词作信心爆棚，词集取名《冠柳集》，"柳"指柳永，表示自己的词作成就已经在柳永之上了。

贺铸身上矛盾重重。他长相奇丑，面色青黑如铁，人送外号"贺鬼头"。然而为人豪爽，如武侠剑客，"少时侠气盖一座，驰马走狗，饮酒如长鲸"。但是文学史上又把他归为婉约一派，因为他的词作写得深情款款，柔情万端。出身贵族，是宋太祖皇后的族孙，娶的也是宗室女，但是一生沉沦下僚，生活不如意，"反如寒苦一书生"。

贺铸自称："我作词时，笔端驱使李商隐、温庭筠，让他们激情地奔跑。"他有一首《鹧鸪天·半死桐》，悼念亡妻，其中"空床卧听南窗雨，谁复挑灯夜补衣"一句，有道不尽的凄苦。

贺铸最知名的作品是这首《青玉案》，最后一句"试问闲愁知几许。一川烟草，满城风絮，梅子黄时雨"，堪称绝唱，使其获得了"贺梅子"的雅号。贺铸还有"贺三愁"之名，一般认为这个绰号也是来自这一句，即三种闲愁。

周邦彦历来被视为宋词的集大成者、"词家之冠"，近代学者王国维也将其比为"词中老杜"，即唐诗中杜甫那样的角色。周邦彦的词风属婉约派，婉约词写得好的人，往往官做不大，周邦彦便是如此。他任过的最高官职是大晟（shèng）府提举，即中央政府管理音乐方面事务的一个小小主管。

传说周邦彦与青楼花魁李师师相好，他的代表作之一《少年游·并刀如水》，写的就是一段逸事：周邦彦和李师师约会，不料宋徽宗也来看望李师师，情急之下，周邦彦只好躲到床下。宋徽宗带来了江南新进贡的橙子，李师师剥给宋徽宗吃，两人卿卿我我，直到三更，宋徽宗才走。周邦彦酸醋上心，当即作了这首词："并刀如水，吴盐胜雪，纤手破新橙。锦幄初温，兽烟不断，相对坐调笙。　　低声问：向谁行宿？城上已三更。马滑霜浓，不如休去，直是少人行。"说的都是方才发生的事。后来此词被宋徽宗听去了，当即把周邦彦贬出京城。

周邦彦的词在宋代得到了全民热爱，上至学士、贵人，下到市侩、女伎，比柳永的词还火爆。当时歌女如果能唱周词，身价立马高涨一截，这种风尚，持续了一百多年，可见其影响之深之广，时间之长。这可能跟周邦彦懂音律有关。周邦彦的词音律和谐，唱起来顺口，听起来悦耳，其他作品没法比。他给自己客厅取名"顾曲"，即用三国时周瑜"曲有误，周郎顾"的典故，可见其音乐造诣之高。

王国维说周邦彦是"有句有篇"，意思是，周邦彦的作品，往往整篇看很好，句子单独看也可圈可点。他写荷叶，"叶上初阳干宿雨，水面清圆，一一风荷举。"写春留不住，"愿春暂留，春归如过翼。一去无迹。"写初夏景物，"风老莺雏，雨肥梅子，午阴嘉树清圆。"写落日，"烟中列岫青无数，雁背夕阳红欲暮。"写秋愁，"乱叶翻鸦，惊风破雁，天角孤云缥缈。"写冬梅，"雪中高树，香篝熏素被。"

南渡词人李清照

朱敦儒　　李清照　　朱淑真

　　两宋之际的词人朱敦儒，字希真，有"词俊"之称，他的词作很有特点，被称为"希真体"，辛弃疾、陆游都受过他的影响。比如这首《西江月》，很能代表其风格："日日深杯酒满，朝朝小圃花开。自歌自舞自开怀，无拘无束无碍。　　青史几番春梦，红尘多少奇才。不须计较与安排。领取而今现在。"

　　朱敦儒早年写自己的游历生活："生长西都（洛阳）逢化日，行歌不记流年。"写自己的轻狂与傲骨："我是清都山水郎。天教分付与疏狂。……诗万首，酒千觞。几曾著眼看侯王。玉楼金阙慵归去，且插梅花醉洛阳。"南宋建立后，他是主战派，词作多忧国忧民："中原乱，簪缨散，几时收？"到了晚年，词中充满了闲适情绪，夹杂着浮生若梦的颓废："洗尽凡心，满身清露，冷浸萧萧发。"

　　后世公认为"千古第一才女"的李清照，自幼才华过人，十六岁写下成名作《如梦令·昨夜雨疏风骤》，世所传诵，一下子轰动了京师，人们读后莫不击节称赏。

　　李清照十八岁与赵明诚成婚。赵明诚也是个文学爱好者，拿着自己的词作五十余首，请一位名人看。对方看完后，挑出了其中三句来反复吟诵，称赞不已。这三句就是："莫道不销魂，帘卷西风，人比黄花瘦。"——现在我们都知道，这三句的真正作者是李清照。

李清照和赵明诚夫妇俩喜欢收集金石字画。收藏花起钱来是个无底洞，虽然两家都出身不凡，生活优渥，但也架不住花钱快。有时为了买一件器物，钱不够，就把衣服当了。一次，遇到一幅南唐画家徐熙的《牡丹图》，要价二十万文。两人眼巴巴地对着画看了两天，实在凑不出钱，只好放弃。

李清照的父亲李格非是旧党，赵明诚的父亲赵挺之是新党。北宋新旧党争不仅影响到了李格非、赵挺之这一对亲家，也波及李清照、赵明诚这一对恩爱夫妻。先是李格非被罢官，赶出京城，李清照向官居高位的赵挺之求助，有"炙手可热心可寒，何况人间父子情"等句。但没有奏效，一家人不得不分开。之后李清照作为"旧党子弟"被牵连，也不得不离开京城，与丈夫分离。

后来赵挺之病卒，赵明诚罢官，李清照夫妇回到赵氏老家，开始了乡居生活。李清照把庄园取名"归来堂"，"归来堂"出自陶渊明的《归去来兮辞》，同时也是出于对自号"归来子"的文学家晁补之的仰慕。《归去来兮辞》中有"倚南窗以寄傲，审容膝之易安"之句，李清照非常喜欢，"易安居士"之名便来自此。

"靖康之变"后，金兵南下，李清照和丈夫分隔两地，独自逃难，一路颠沛流离。生活将一个岁月静好的少女变成了愤世嫉俗的中年妇女，这一时期，李清照常常写诗讽刺朝廷的无能和怯战，如"南游尚怯吴江冷，北狩应悲易水寒"（身在南方犹觉得吴江水冷，沦陷在北方的二帝想必心中更悲凉），"南渡衣冠少王导，北来消息欠刘琨"（南渡缺少王导那样能主持大局的人物，北伐没有刘琨那样的抗战名将）。名作《夏日绝句》可能也写于这一时期："生当作人杰，死亦为鬼雄。至今思项羽，不肯过江东。"

赵明诚去外地赴任，告别时，李清照问："如果城破，我一个人该怎么办？"赵明诚答："不用怕，跟着大队人马一起跑。必不得已，扔掉辎重，再不行，扔衣被，再其次扔书册卷轴，最后扔古器。重要古器，抱着走，器在人在。"谁知这一次分别竟是永诀，赵明诚很快病卒，李清照一路逃难，书画收藏散失殆尽。

李清照晚年在金华，一边作词《武陵春》，以"物是人非事事休"之句，写个人面对国破家亡的无穷愁苦。一边又作《题八咏楼》诗，以"江山留与后人愁"的千古绝唱之句，寄托家国之怀。同时写对故乡的思念，如"故乡何处是，忘了除非醉""空梦长安，认取长安道"等。

李清照以词的创作著称于文学史，她在词的理论上也有卓见，早年曾提出"别是一家"的主张，认为词不同于诗，应该以写情为主，以婉约为风。明清之际的学者沈谦很认同这一观点，称"男中李后主，女中李易安，极是当行本色"。也就是说，在词创作上，李后主和李清照所代表的才是"正宗"。后人称李清照为"婉约词宗""词国皇后"，称誉其"词压江南，文盖塞北"。

南宋著名女词人朱淑真，因作品大胆露骨，而被后人称为"红艳诗人"。著名的《生查子·元夕》一诗据说作者就是她，其中名句有："月上柳梢头，人约黄昏后。"她的父母受不了外人的指指点点，把她的作品烧了，现存诗词都是好事之人费心保留下来的。

朱淑真别出心裁，发明了"圈儿词"，寄给丈夫。丈夫收到信一看，上面没有一字，都是圈圈点点。丈夫蒙了，直到在书脊夹缝中看到一首蝇头小楷写的《圈儿词》，才破译了来信："相思欲寄无从寄，画个圈儿替。话在圈儿外，心在圈儿里。单圈儿是我，双圈儿是你。你心中有我，我心中有你。月缺了会圆，月圆了会缺。整圆儿是团圆，半圈儿是别离。我密密加圈，你须密密知我意。还有数不尽的相思情，我一路圈儿圈到底。"于是，丈夫第二天一早就回家了。

朱淑真抱怨做小公务员的丈夫才疏学浅，两人无法心灵沟通，于是经常抱怨："鸥鹭鸳鸯作一池，须知羽翼不相宜。"——鸥鹭和鸳鸯怎么能一起生活呢？会打架的。

吕本中的词民歌风味浓，清新有余味。如他的《采桑子》："恨君不似江楼月，南北东西，南北东西，只有相随无别离。恨君却似江楼月，暂满还亏，暂满还亏，待得团圆是几时。"又如《虞美人·平生臭味如君少》："春风也到江南路……对人不是忆姚黄，实是旧时风味、老难忘。"《减字木兰花·去年今夜》："来岁花前，又是今年忆去年。"读着亲近，令人难忘。

辛弃疾和中兴词人

辛弃疾　陆游　陈亮　刘过

文人中，辛弃疾是真的上过战场。他参加了北方抗金义军，被派去联络南宋朝廷，回来的时候，义军出事了：张安国叛变，杀了义军首领后投降金军。辛弃疾义愤填膺，带领五十人袭击金营，擒获张安国并安全逃了出来。这一下，朝野震动，一致称赞辛弃疾的壮举。辛弃疾自己也很自豪，晚年写词回忆此事："壮岁旌旗拥万夫，锦襜突骑渡江初。燕兵夜娖（chuò）银胡绿，汉箭朝飞金仆姑。"

辛弃疾有心北伐，但朝廷一直不用他。辛弃疾被"雪藏"，隐居在今江西上饶，他认为："人生在勤，首在种田。"把自己的庄园取名为"稼轩"，从此有了"稼轩居士"之号。

好友陈亮来访，两人一边喝酒，一边谈起天下大事。喝高了后，辛弃疾开始口不择言，他说：钱塘（临安）非帝王所宜居，如果敌人"断牛头之山，天下无援兵；决西湖之水，（临安）满城皆鱼鳖"。——这不是为敌人作战略谋划吗？！辛弃疾倒头睡了，陈亮却睡不着了，心想：辛弃疾平时沉默寡言的，今天肯定是喝多了，说了这么多不知轻重的话，醒来一定会后悔，恐怕会杀我灭口。越想越害怕，陈亮半夜骑着辛弃疾的马逃走了。

辛弃疾与理学家朱熹关系很好，朱熹为辛弃疾写了"克己复礼""夙兴夜寐"两幅字，挂在辛弃疾的两间房门上。朱熹后来遭权相韩侂胄打击，学说被宣布为"伪学"，戴着"伪学"大佬的帽子逝世。于是，门人弟子不敢前往吊唁。辛弃疾不畏禁令，不仅前往哭祭，还在悼词里对朱熹评价甚高："所不朽者，垂万世名。孰谓公死？凛凛犹生！"坚持认为朱熹的学说将万世不朽。

韩侂胄主张北伐，辛弃疾这时已年老，仍为之精神一振，同意去镇守镇江。在镇江北固亭，他写下了千古流传的词作《永遇乐·京口北固亭怀古》。词中，他提醒韩侂胄北伐要从长计划，不要鲁莽行事："元嘉草草，封狼居胥，赢得仓皇北顾。"

陆游的名字是怎么来的？他父亲陆宰进京述职，夫人唐氏在淮河的小船上生下了一个儿子。水上所生，必须会"游"，于是，陆宰就给新生儿取了"陆游"这个名字。也有一说是，陆游母亲怀着他时，梦到了秦观，生下陆游后，就用秦观的名（观）、字（少游），颠倒过来用作了陆游的字（务观）、名（游）。

陆游酷爱读书，他的住处可以称为"书巢"，吃喝拉撒、生病不舒服都在里面。想出去，四周都是书，一动就散架，没法挪窝。邀请客人入巢，进去后就出不来，两人看着相互苦笑。

南宋孝宗问大臣、诗人周必大："现在还有像李白一样的诗人吗？"周必大说了陆游的名字。从此，陆游就被人称为"小李白"。

陆游是主战派，但朝堂上是主和派的天下，陆游跟他们谈论北伐，主和派听不下去，直接以"嘲咏风月"为名，把陆游罢了官。陆游满腔悲愤，就把自己的住宅取名为"风月轩"。主和派又攻击陆游"颓放""狂放"，陆游便干脆自号"放翁"。

诗友范成大离开成都回京，陆游作诗送行，在诗中一再提醒范成大，记得劝皇帝"先取关中次河北""早为神州清虏尘"。

韩侂胄北伐失败被杀，陆游有点绝望，不久离世而去。临终仍然不忘国事，留下了绝笔《示儿》作为遗嘱："死去元知万事空，但悲不见九州同。王师北定中原日，家祭无忘告乃翁。"

说起爱情诗，宋代自然无法和唐诗比肩，但陆游是个例外。陆游与前妻的感情刻骨铭心，他悼念前妻的诗也写得令人动容。尤其是晚年的《沈园二首》，人称"绝等伤心之诗"，是古代爱情诗中的精品。其中"伤心桥下春波绿，曾是惊鸿照影来"一句，尤为著名。

陆游与表妹唐琬的爱情故事非常感人。两人婚后本来非常恩爱，但后来迫于陆母压力而离婚。十多年后，在沈园，陆游偶遇唐琬，写下了著名的《钗头凤》一词："红酥手，黄縢酒，满城春色宫墙柳……"词中满是追悔"错，错，错""莫，莫，莫！"唐琬也和词一首："世情薄，人情恶，雨送黄昏花易落……"句中也是"难，难，难""瞒，瞒，瞒！"情感的纠缠，让唐琬很是伤感，不久忧郁而死。

陆游立志做诗人，不写词，所以诗歌创作成果丰硕，有上万首，是写诗最多的诗人。而对词，则心存鄙视。他有不少梦境、幻境诗，飘逸奔放，直抒壮怀，被誉"小李白"。

陈亮青少年时就才华横溢，谈论起兵法来，更是议论风生，下笔千言。十八岁时，写文章讨论了十九位历史人物的用兵之道。地方长官周葵看后，十分赞赏，待以上客之礼，说："此子不简单，日后必成'国士'！"

陈亮去拜访辛弃疾，快到门口时，马却不肯前进过桥了。陈亮连连挥鞭，但马都一到桥边就后退，陈亮大怒，下马砍下马头，徒步过桥进门。辛弃疾在楼上看呆了，刚想派人询问，而陈亮已到了门口。两人由此结为好友。

陈亮作词《念奴娇·登多景楼》，认为建康（南京）京口（镇江）一带的地形："一水横陈，连冈三两，做出争雄势。"如此雄峻的长江天险，不应当用来隔断南疆北界，"六朝何事？只成门户私计"；而应作为北伐中原、恢复失地的根据地，"正好长驱，不须反顾，寻取中流誓"。

陈亮五十一岁时高中状元，但他一心以北伐为大事。于是，给宋光宗谢恩道："复仇自是平生志，勿谓儒臣鬓发苍。"——不要看我鬓发白了，我还想上战场复仇。又在《告祖考文》中对祖宗说："亲不能报，报君勿替。七十年间，大责有归，非毕大事，心实耻之。"——我心中只有国家大事，所以不能报亲，只能报君了。

理学家吕祖谦去世了，陈亮作文祭悼，朱熹知道后给吕祖谦的门人写信道："陈亮的意见，你们吕老师是不会同意的。"陈亮听说后很生气，一次直接对皇帝说："有些人开口大学中庸，闭口诚意正心，以为继承了孔孟就很厉害了，但是能帮大家打过长江去吗？能给徽宗、钦宗报仇吗？天天只知道坐着谈性命之学，金兵大刀之下，还有他们的性命吗？"

陈亮与思想家叶适是朋友，叶适觉得陈亮哪方面都好，就是行事稍嫌莽撞，于是写诗规劝他。此时叶适还是个小年轻，而陈亮已是声名远播的名人。陈亮不以为意，临死，还让叶适给他写墓志铭，说"我们在阴间继续辩论"。

文学家刘过因为词风与辛弃疾接近，后世把他与另外两位——刘克庄和刘辰翁，合称"辛派三刘"。

初时，刘过慕名来拜见辛弃疾，辛弃疾不想见他，后来同意见了，却要求他以羊羹为题先赋诗一首。刘过笑道："别急，天气太冷，我先喝点酒暖和一下。"刘过端起酒杯，手一抖，洒了几滴酒出来，辛弃疾说诗就以"流"字为韵吧。刘过略一沉吟，吟道："拔毫已付管城子，烂首曾封关内侯（厨子封侯的故事）。死后不知身外物，也随樽俎伴风流。"通篇说的是"羊"：羊毛用来制毛笔（管城子），烂羊头可以封侯（用的是东汉歌谣"烂羊头，关内侯"典故，指小人占高位），死后给人煮肉吃，还可以用来下酒。辛弃疾一听，当即与之结交。

岳飞的一生是战斗的一生，他在戎马倥偬中写的诗词常给人以激励。有些诗句甚至"不减唐人"，如《游嵬石山寺》中"潭水寒生月，松风夜带秋"一句，就收获了很多赞誉。

时人评价南宋爱国词人张孝祥的才华，"天上张公子，少年观国光"。

姜夔、吴文英和宋末四大家

姜夔　吴文英　蒋捷　张炎

　　与辛派同一时代双峰并峙的，还有以姜夔为领袖的一派词人。姜夔在诗歌创作上，以唐代陆龟蒙自许。他最突出的成就是在词上，名句有："二十四桥仍在，波心荡，冷月无声。念桥边红药，年年知为谁生？"姜夔的词风对吴文英及"宋末四大家"等影响很大。

　　吴文英作词非常独特，常常将实景化为虚幻，将虚无化为实有，打破正常思维，创造出了如梦如幻的艺术境界，被誉为"词中李商隐"。如其名作《风入松》："黄蜂频扑秋千索，有当时、纤手香凝。"黄蜂扑秋千，为实景；亡姬生前纤纤玉手在秋千上残留的香泽，本是内心的幻觉，而用一"有"字，幻觉似乎变成了实有。另一首《思佳客·赋半面女髑髅》："青春半面妆如画，细雨三更花又飞。"将半面枯骨幻化成了似花似画的少女。

　　吴文英词的语言讲究新，讲究奇异。如"飞红若到西湖底，搅翠澜、总是愁鱼"和"落絮无声春堕泪"等，将主观情绪与客观物象直接对接在一起，无理而奇妙。他不单独使用名词、动词，而是喜欢把名词、动词和情绪化、修饰性、色彩感极强的词语拼接。如写池水，是"腻涨红波"；写云彩，是"倩霞艳锦"或"愁云""腻云"；写花容，是"腴红艳丽""妖红斜紫"；如写女性，"最赋情、偏在笑红颦翠""红情密""剪红情，裁绿意"。

蒋捷与周密、王沂孙、张炎，世称"宋末四大家"。蒋捷曾中进士，有一句"流光容易把人抛，红了樱桃，绿了芭蕉"，极其出名，人们因此称呼他为"樱桃进士"。后人评价：刘长卿为诗人中"五言长城"，蒋捷为词人中"长短句之长城"。

蒋捷的作品中，最为后世传诵的是一首《虞美人·听雨》："少年听雨歌楼上，红烛昏罗帐。壮年听雨客舟中，江阔云低，断雁叫西风。 而今听雨僧庐下，鬓已星星也。悲欢离合总无情，一任阶前，点滴到天明。"同是听雨，三个不同人生阶段，三种不同境遇，三样完全不同的心情。

宋词到了张炎这里，基本上画上了句号，张炎是最后一位重要作者。张炎的词有国破家亡之痛，意境苍凉，是南宋末期的时代之声。

张炎天天花前买醉，醉后大呼大叫地写作。但他的词却不粗俗。宋末遗民郑思肖评价说：张炎"鼓吹春声于繁华世界，能令后三十年西湖锦绣山水，犹生清响"。"清响"，即文雅之声。

周密是南宋的笔记大家，其作品包括《齐东野语》《武林旧事》《癸辛杂识》等。笔记中的记载，大大丰富了正史的内容。如韩侂胄之死，《宋史》中的"韩侂胄"本传只有几句话。《齐东野语》"诛韩本末"条则详细记叙了韩侂胄被诛杀的经过，其中事变的细节描述，特别是韩侂胄与周筠的对话，描写生动传神，极大地丰富了正史。

周密的笔记喜欢在有的篇章末尾作点评，其中有称赞王安石仁举之处，这在正统文人中少见。如《癸辛杂识》"改春州为县"条，在记述王安石改春州为阳春县，而避免获罪者被贬至此地，最后点评："此仁人之心也。"

文学史之元明

　　明代文学，有两大亮点：一是小说、戏曲等俗文学兴盛，出现了《三国演义》《水浒传》《西游记》等长篇小说，以及汤显祖这样的戏剧大家；二是晚明散文一改长期以来的"复古"主张，倡导独抒性灵，催生出了"小品文"这一独特文体。晚明小品文以其个人化、生活化、真性情等特色，点亮了整部明代文学史。

金元文学：不知门外春多少

元好问　萨都剌　虞集　王冕　杨维桢

元好问是宋金时期北方文坛的盟主，又是金元之际文学上承前启后的桥梁，被尊为"北方文雄""一代文宗"。他擅长诗、词、文、曲等体裁，尤以诗歌创作的成就最高。据说，元好问临终前嘱咐后人在他的墓碑上只题七字："诗人元好问之墓"。"诗人"二字，应该正是元好问对自己文学人生的"盖棺论定"吧。

元好问最为今日读者所知的作品，却是一首词作《摸鱼儿·雁丘词》："问世间，情是何物，直教生死相许？天南地北双飞客，老翅几回寒暑……"这背后有一个动情的故事。年轻的元好问在赶考途中，遇见一个猎人，说一对大雁飞过，被自己射杀了一只，另外那只大雁哀鸣不已，不愿独生，撞地而死。元好问听后感伤不已，当即买下猎人手中的雁，将其葬于汾河边上，立碑刻上"雁丘"二字，又写作了此词。

历史上，北宋都城汴京被金军攻破，北宋由此灭亡；一百余年后，汴京又被攻破，只不过这一次，守方是金朝，攻方是蒙古（元）。元好问作为金朝众多被俘官员中的一员，亲身经历了亡国之痛，写下了一组"丧乱诗"，被视为他的诗歌代表作。如"百二关河草不横，十年戎马暗秦京。岐阳西望无来信，陇水东流闻哭声。""红粉哭随回鹘马，为谁一步一回头？""白骨纵横似乱麻，几年桑梓变龙沙。只知河朔生灵尽，破屋疏烟却数家。"

汴京城破时，后来列名"元曲四大家"之一的白朴才十二岁，和姐姐一起被元好问收留。元好问对白朴姐弟视如己出，非常关怀。白朴得了瘟疫，病得不轻，元好问将他昼夜抱在怀中，六日后，奇迹发生，白朴竟出汗而愈。后来，元好问又帮白朴找到家人，其父感动得无以言表，作词纪念此事："今何夕，灯前儿女，飘荡喜生还。"今天是什么好日子呀，因战乱流落在外的一对儿女，完好归来，这真是惊喜！又作诗感谢元好问："顾我真成丧家犬，赖君曾护落窠儿。"

元好问很喜欢东晋诗人陶渊明，他有两句评价陶渊明的诗，常被后世引用："一语天然万古新，豪华落尽见真淳。"说陶渊明的诗语言质朴、浑然天成，摒弃浮华，露出真淳的本质，读来万古常新。

萨都剌的词受到后人的大力推崇，被称为"有元一代词人之冠"。杨维桢认为他可与唐代的王建、张籍相提并论。诗风近李贺、李商隐，有一首《醉起》写宫女生活："杨柳楼心月满床，锦屏绣褥夜生香。不知门外春多少，自起移灯照海棠。"后两句极为动人：深闭宫中，不知道宫外春光如何，夜里起来，打着灯笼盯着海棠发呆。

元代的代表性文学体裁是"元曲"，但元朝也有一些较为出色的诗人，其中最具代表性的是虞集、杨载、范梈（pēng）、揭傒斯四人，合称"元诗四大家"。四人年龄相当，题材相同，风格也较为接近。其中以虞集的成就最高，名声最大，为元代中期文坛盟主。

虞集三岁开始读书。战乱年代，找不到书来读，就由母亲口授《论语》《孟子》《左传》及欧阳修、苏轼等名家的文章，虞集边听边记，学一遍就能背诵下来。

杨载和虞集同在京城，都有文名。杨载多次公开说："虞集不懂作诗。"虞集很谦逊，便向杨载请教作诗之法。杨载也不客气，将自己所领悟的都一一教给虞集，这下虞集的诗作写得更好了。虞集写了一首《送袁伯长扈从上京》，托人问杨载的意见，杨载说："这首诗肯定是虞集所作，其他人写不出。"人问："先生原先说虞集不懂得作诗，现在评价又如此之高，这是何意？"杨载回答："都是我教得好啊！虞集聪明好学，我传授了他作诗之法，他一下子就学会了，其他人恐怕还在半路。"

虞集曾评价其他三人的诗歌，说杨载的诗，是"百战健儿"，因为他风格健劲，长于议论；范梈的诗，是"唐临晋帖"，即学习古人；揭傒斯的诗，是"美女簪花"，清婉丽密如美人。又说到自己的诗，则如"汉廷老吏"，应是说他的诗典雅、严肃。

元文宗非常欣赏揭傒斯的才华，经常到揭傒斯的办公室找他聊天。聊天时，称呼他的字"曼硕"，而不呼名，以示尊重。揭傒斯编撰了《太平政要》一书，元文宗看后喜欢得不行，让人印出来发给文武百官，说："这是我们揭曼硕写的书，多好的书啊，你们好好看看！"

揭傒斯曾参与编修《辽史》《金史》《宋史》三书。丞相脱脱向揭傒斯请教修史之事，揭傒斯说："修史要用对人。有学问、能写文章而不懂历史的人不能用，有学问、能写文章且懂历史，但缺乏道德的人也不能用。对的人就是有德之人，修史应当把'德'放在第一位。"揭傒斯还常对同事说："要想知道怎么修史，就得先明白历史的意义何在。修史的意义就在于扬善惩恶。我们看古人写史，虽小善必录，虽小恶必记，其目的就是通过扬善惩恶警示后人。"

王冕是元代后期的著名诗人，他行事怪诞，经常头戴高帽，身披绿蓑衣，穿着木齿屐，拿着一柄木质剑，大声吟诵高歌，横穿集市而去。有时骑着黄牛，手里捧着《汉书》，大声朗读。大家都觉得他是个疯子。

王冕曾长时间浪迹江湖。他到北方游历，看到了元朝廷的所作所为，激发起了强烈的民族感情。有一天，他画了一幅梅花，贴在墙上，题诗道："冰花个个团如玉，羌笛吹它不下来。"——羌笛即羌人之笛，表达出他与异族统治者的不合作态度。

王冕在外游历越多，看到的美景越多，心情就越沉重，因为大好河山是在元朝的统治之下。王冕作诗《南城怀古》："书生慷慨何多恨，恨杀当年石敬瑭。"痛斥引狼入室出卖民族利益的汉奸、后晋统治者"儿皇帝"石敬瑭。

王冕有一个显著的身份是画家，他一生爱好种梅、画梅、咏梅。晚年隐居在绍兴老家，种梅千枝，筑庐数间，题为"梅花屋"，自号"梅花屋主"。造小船一艘，名为"浮萍轩"，停放湖边，可随时驾船游湖。

元末明初的文学家杨维桢，从小热爱读书。父亲在悬崖边建了一个房子，藏书数万卷。这个房子很特别，得爬梯子才能上去，杨维桢就经常钻进书楼看书，一进去就抽掉梯子，在里面安安静静地看书。

杨维桢的父亲卖掉一匹宝马让他外出求学。杨维桢求学归来，带回一大堆书，父亲见了很高兴，说："这些书比宝马值钱！"

杨维桢因得罪丞相，被罢官回家。回家后，他不想理会俗人世事，就在门上贴了一幅字，写道："客至不下楼，恕老懒；见客不答礼，恕老病；客问事不对，恕老默；发言无所避，恕老迂；饮酒不辍车，恕老狂。"总之是老烦了，别理我。

杨维桢被人称为"一代诗宗"，元代诗坛领袖，其古乐府诗最有特色，为历代所推崇，称之为"铁崖体"（杨维桢号铁崖）。又爱以史事与神话入诗，诡谲、怪异，被人讥为"文妖"。

元末明初文学家陶宗仪，在田间地头干活时不务正业，干着干着就跑大树底下去了，原来是把刚想到的东西记录在树叶上。日子久了，写资料的树叶也多了，陶宗仪把这些资料一整理，就成了一本书，名字叫《辍耕录》——中断农活而写成的书。书是写成了，但估计他家庄稼的收成不会太好。

关汉卿、白朴、马致远、郑光祖，并称为"元曲四大家"，其中关汉卿成就最高，居四大家之首。近现代学者王国维评价关汉卿："一空依傍，自铸伟词，而其言曲尽人情，字字本色，故为元人第一。"

珠帘秀是当时的戏剧表演明星，南宋灭亡后，随同北方的剧作家们一起南下，到了江淮，从而认识了关汉卿。两人一个是戏曲巨匠，一个是表演明星，惺惺相惜，相互敬重。关汉卿专门为珠帘秀写了一首散曲，对她不吝赞誉："碧玲珑掩映着湘妃面，没福怎能够见。十里扬州风物妍，出落着神仙。"

白朴的杂剧《墙头马上》（全名《裴少俊墙头马上》），与施惠的《拜月亭》、王实甫的《西厢记》、郑光祖的《倩女离魂》，合称为"元代四大爱情剧"。王国维曾评价白朴的《秋夜梧桐雨》一剧："沉雄悲壮，为元曲冠冕。"该剧为元杂剧四大悲剧之一，讲述的是唐明皇和杨贵妃的爱情故事。

郑光祖做官不受待见，写剧却极受欢迎。他的代表作《倩女离魂》，塑造了一个对爱情忠贞不渝、感情真挚热烈的少女形象，被视为可媲美王实甫的《西厢记》。这部剧风靡一时，使得郑光祖"名香天下，声振闺阁"，收获了一大批"粉丝"。

张可久与另一位散曲作者乔吉，并称"双璧"，明代人将这两人比为"诗中之李、杜"；又与张养浩并称"二张"。张可久是元代写散曲最多的作家，也是元曲的集大成者之一。

写下名句"兴，百姓苦；亡，百姓苦"的散曲作家张养浩，可谓书蠹，十岁起就不分昼夜地读书，父母担心他累坏身体，都制止他读书。于是，他晚上偷偷点灯读书，而白天就把晚上读的书再背诵一遍。

散曲作家贯云石自号"酸斋"，朋友徐再思自号"甜斋"，两人齐名。后人把他俩的作品编在一起，取了一个很风趣名字，叫"酸甜乐府"。

贯云石向皇帝上万言书，触怒了权贵，他一下子清醒过来，赶紧辞职回南方老家。路上，他感觉自己劫后余生，写下一曲来表心情："竞功名有如车下坡，惊险谁参破！昨日玉堂臣，今日遭残祸。争如我避风波走在安乐窝。"

贯云石路过梁山泊，因天气渐冷，向一个渔翁借一床芦花被。渔翁就让他用诗来换。贯云石一笑，这还不简单，随口吟出了一首七律："采得芦花不浣尘，翠蓑聊复藉为茵……"后来，这个故事借着这首《芦花被》传为了佳话，贯云石干脆给自己取了"芦花道人"的别号，并写道："清风荷叶杯，明月芦花被，乾坤静中心似水。"

贯云石去世后，好友张可久总结他的一生，写下散曲《为酸斋解嘲》："君王曾赐琼林宴，三斗始朝天……"另一位好友欧阳玄称赞他文武双全："武有戡定之策，文有经济之才。"两百年后，明朝著名文学家王世贞在《曲藻》中将贯云石列为元曲代表作家之首。

元末明初散曲家汤式，是现今存曲最多的一位作家。他的散曲《双调·天香引·西湖感旧》很有特点："问西湖昔日如何？朝也笙歌，暮也笙歌。问西湖今日如何？朝也干戈，暮也干戈……"

明初诗文三大家

刘基　宋濂　高启　方孝孺

文学家刘基字伯温，是朱元璋的大谋士，在朱元璋平定天下的过程中出了很多好主意，朱元璋多次称赞他是"吾之子房（张良字子房）"。在民间，也有"三分天下诸葛亮，一统江山刘伯温""前朝军师诸葛亮，后朝军师刘伯温"的说法。

《春秋》是一本非常不友好的经书，王安石曾说它是"断烂朝报"。但是在少年刘基这里，"天下无难事"，其他同学读了很多遍还没法理解，刘基默读两遍便能背诵了。老师大为惊讶，称赞刘基是个奇才。

刘基跟着名士郑复初学习，郑复初对他大加赞叹，对刘基父亲说："这个孩子非常出众，将来一定能有大出息，干出大事，光大你家门楣。"

刘基非常博学，读书有过目不忘之能。一次，他在书店中看到一本稀见图书，就站在那儿翻阅起来，翻过一遍后竟全部记住了。书店的主人愿意将书送给他，刘基却说："书已经熟记在我心中了，要书何用？"

刘基的诗，被评论为和高启并肩，散文被评论为"与宋濂并为一代之宗"。他写的笔记《郁离子》促进了晚明讽刺小品的大发展。

宋濂六岁时，一天就读完唐人李瀚编著的《蒙求》，写下了两千字的日记。九岁就能作诗，被人称为"神童"。十五岁时，一周之内就背下了四书经传。老师目瞪口呆，对宋濂的父亲说："这个孩子是个天才，你们找个名师来教他吧，我该教的都已经教完了。"

　　明朝初年，经常收到天降祥瑞的报告。皇帝朱元璋不知道该相信还是不相信，就向公认最博学的宋濂请教。宋濂用《春秋》的故事告诉朱元璋，江山来自人民，不来自上天，不用太在意天象的变化。朱元璋叹服。

　　朱元璋让宋濂说说朝廷大臣，哪些好，哪些坏。宋濂只说了些好的大臣。朱元璋问原因，宋濂说："好的大臣和我是朋友，相处时间长，所以了解他们；那些不好的，互相不交往，对他们的情况就不了解了。"

　　官员茹太素给朱元璋上了个万言书，朱元璋看得头晕眼花，很生气。朱元璋问大臣该怎么处理，于是不少人站出来挑刺，说这里不敬，那里不合法制。朱元璋问宋濂，宋濂说："他的初心是好的，是想对陛下尽忠，对得起领的薪水。陛下想听大家的意见，这样的人是不能责罚的。"朱元璋冷静下来，把茹太素的奏章再读了一遍，发现果然有值得采纳的地方，就褒奖了宋濂。

　　宋濂的文名传播到了国外，各国使节争着来买宋濂的文集。一次，一位日本使者愿意出一百两黄金购买宋濂的文章，宋濂没有理他。朱元璋问起这件事，宋濂回答说："我乃天朝官员，怎么可以要蛮夷小国的钱？这会有损国体。"

　　高启读书过目不忘，擅长诗歌。与张羽、徐贲、宋克等人常在一起交流、切磋，号称"北郭十友"；与宋濂、刘基并称为明初"诗文三大家"；与杨基、张羽、徐贲被誉为"吴中四杰"，时人比之于"初唐四杰"。他同时还是明初十才子之一。

高启写了很多诗，朱元璋总怀疑高启对自己有讽刺，把高启列入黑名单。如高启写过一首《宫女图》的诗："小犬隔花空吠影，夜深宫禁有谁来？"这本是写元顺帝的，但朱元璋小心眼，偏偏要对号入座。高启的《青丘子歌》中有"不问龙虎苦战斗"一句，因写于朱元璋与元军、陈友谅、张士诚"苦战、苦斗"之际，朱元璋读后也十分厌恶。高启又写诗说"不肯折腰为五斗米"，表示不愿做官，还对朱元璋留他做官的事一再拒绝，让朱元璋非常不高兴，就打发他回家了。于是，后来在高启被牵连进苏州知府魏观谋反案时，朝廷毫不犹豫判了高启腰斩。

高启是一位文坛"超级模仿秀"达人。清朝大学者纪晓岚在《四库全书总目提要》中评论高启："于诗，拟汉魏似汉魏，拟六朝似六朝，拟唐似唐，拟宋似宋。"可谓学什么像什么。

高启的诗有时含蓄，如《凿渠谣》："凿渠深，一十寻；凿渠广，八十丈。凿渠未苦莫嗟吁，黄河曾开千丈余。君不见贾尚书。"几句话就突然结束，让人回味。有时又清新畅晓，如《子夜四时歌》之二："红妆何草草，晚出南湖道。不忍便回舟，荷花似郎好。"民歌风味浓。

高启的《卓笔峰》中有两句："千载只书空，山灵恨何事？"后来高启被腰斩，人们再读此诗，觉得无尽感伤，好像此诗正是他不幸结局的预言。

明初方孝孺是一位悲剧人物。朱棣发起靖难之役，率军杀向南京，官员姚广孝对朱棣说："南京城如果被攻下，方孝孺肯定不会投降，希望您不要一怒之下杀了他。如果杀了方孝孺，天下的读书种子也就灭绝了。"朱棣答应了。但是到了南京城破那一天，朱棣让方孝孺起草即位诏书，无论怎么威胁，方孝孺都只是拒绝。朱棣恼火了，命令他必须写，不然灭他三族，方孝孺慷慨道："灭我十族又何妨！"朱棣下不了台，杀了方孝孺，诛其十族。

方孝孺小时候双眼炯炯有神，读书按厚度尺寸来算，人称"小韩愈"。长大后师从宋濂，师兄弟都觉得比不过他，当时一些学问前辈也自认不如。

方孝孺安贫乐道，以追求天下太平安康为己任。一次，他卧病在床，仆人过来说家中没粮了，他只是笑了笑，说道："古人有记载，三十天吃九顿就行。再说，贫穷何止我家呢，还有很多人如此啊！"

朱元璋很欣赏方孝孺，对皇太子朱标说："方孝孺是个人才，而且品行端庄，你一定要重用他，信任他，一直用到老。"后来，方孝孺受牵连要被判刑，朱元璋看到他的名字，偷偷画掉了。

方孝孺虽然说文章是小道，不愿多费心，但他的每一篇文章出来，海内争相传诵。《四库全书总目》评论他的文章气势非凡，"颇出入东坡（苏轼）、龙川（陈亮）之间"。

明初台阁体

杨士奇　杨荣　杨溥

　　明成祖之后，文坛上渐渐形成了以内阁大学士杨士奇、杨荣、杨溥为首的"台阁体"诗歌流派。三杨因所住地方不同，杨士奇被称为"西杨"，杨荣被称为"东杨"，杨溥被称为"南杨"。"台阁体"一味粉饰太平，追求典雅平正，文学价值不高，后人评价杨士奇的诗："四平八稳，声韵平和，哪怕是喝了酒，也不会出现情绪的变化。"

　　名士刘伯川让两少年才子杨士奇和陈孟洁赋诗言志。陈孟洁赋诗："十年勤苦事鸡窗，有志青云白玉堂。会待春风杨柳陌，红楼争看绿衣郎。"杨士奇赋诗："飞雪初停酒未消，溪山深处踏琼瑶。不嫌寒气侵人骨，贪看梅花过野桥。"刘伯川听后，对陈孟洁说："十年勤苦，只为博得红楼关注，你将来是一个风流才子。"对杨士奇说："天气虽寒，还要去看梅花，你品格高尚，前程也会远大，希望你继续保持。"后来陈孟洁因嗜酒而死，杨士奇则成为一代首辅。

　　"东杨"杨荣，出生时就不一般。他的祖父听到孙儿的哭声，说道："这哭声好雄壮啊！看来这个孩子会让我们家获得大荣华。"于是给孙儿取名为"荣"。

杨荣写文章喜欢堆砌华贵尊荣的字词，读起来雍容典雅，但读多了就觉得矫揉造作、废话多。但他作为朝廷重臣，对社会风气影响大，一直引领了成祖之后到明朝中期的诗歌创作。

杨荣不拘小节，有人把他比拟为唐代的名相姚崇。杨荣对人介绍自己的为臣心得："向皇帝进谏是要讲究方法的。控制不住感情，怀着怒气向皇帝进言，那不会得到好的结果，反而会得到祸害。这是原则，一定要时刻把握。"所以杨荣一直受恩宠，与皇帝没有隔阂。

"南杨"杨溥小的时候，父亲被县里抓了，杨溥前往求情。县官见他口才不错，就出了一上联让他对："四口同图，内口皆归外口管。"这是一个拆合字联，繁体的"图"字（写作"圖"），拆下来有四个口；县官的意思很明显，我是一县之主，是外面这个"口"，你们都归我管。杨溥听明白了，眼珠子一转，对道："五人共伞，小人全仗大人遮。"这个对很巧妙，繁体的"伞"字（"傘"），拆开就是五个"人"；县官是大"人"，我们全靠大人遮着。县官一听，对得太妙了！于是释放了杨溥的父亲。

杨溥为人朴实正直。他参加乡试时，考官胡俨对杨溥的文章极为赞誉，在试卷上题写道："此文作者日后一定能像董仲舒那样正直，不会像公孙弘那样阿谀奉承。"后来杨溥果然如此。当胡俨做国子祭酒时，杨溥官更高，但杨溥始终对胡俨持门生礼，胡俨也安然接受。

明成祖登基后，让杨溥侍奉太子朱高炽。后来发生太子之争，杨溥等东宫官属都被抓了起来。大家都害怕，提心吊胆，只有杨溥安之若素，一有时间就读书。在监狱里一关就是十年，而杨溥也一直读了十年书，把能找到的经书史籍翻来覆去地读，读了好几遍。

杨溥做上了大官，儿子到京城来看他。杨溥问他对一路上所经过州县的长官印象如何，儿子回答："其他长官都不错，唯独江陵县县令范理不行，接待我的时候很敷衍。"杨溥一听，明白了：其他人见宰相家的公子来了，都热情捧着；只有这个范理，不搞超规格接待。于是大力向皇帝推荐范理，后来范理官至省级大员。

　　后人评价杨溥的文章：不说无用之言，论道有条理，最终有自己的结论，总的来说老成持重，有台阁气象。

　　"三杨"之后，又有一位"台阁体"文学的代表人物叫李东阳，也是宰相。李东阳是今湖南茶陵人，以他为中心的一派诗人，被称为"茶陵派"。

前后七子

李梦阳　何景明　徐祯卿　李攀龙　王世贞

　　因为对"台阁体"文学的不满，一批文学创作者发起了复古运动，主张"文必秦汉，诗必盛唐"。这批人被称为"前七子"，包括李梦阳、何景明、徐祯卿、边贡、康海、王九思、王廷相等七人。"前七子"以李梦阳为首。

　　李梦阳有一年在江西当主考官，发现有个秀才与他同名，就和他玩起了对对子游戏。李梦阳出的上联是："蔺相如，司马相如，名相如，实不相如。"意思是咱俩名字相同，但我是主考官，你是考生，"实不相如"，对秀才暗含揶揄之意。秀才听后一沉吟，对道："魏无忌，长孙无忌，尔无忌，吾亦无忌。"秀才的意思是，咱俩的名字虽然相同，但你我都没必要有忌讳。

　　"前七子"另一位代表人物何景明，参加科举考试时，想剑走偏锋，用奇字写了一篇文章。谁知主考官不认识字，就给了他低分，让他名落孙山了。

　　何景明早年主张学习传统，和李梦阳提出了"诗必盛唐"的口号，但不久又发现诗坛走向了另一个极端，只知道学唐诗而没有创新。苦恼之下，何景明接触到了民间文学、诗歌，发现反映现实生活的诗歌才是真诗歌、有韵味的诗歌。于是，转而反对模仿，追求独创，并从此和李梦阳分道扬镳。

何景明因与李梦阳文学观点不同而吵闹，但一直当李梦阳是朋友。后来李梦阳因为官正直受迫害，被关进监狱时，人人自危，只有何景明站出来给吏部上书，为之鸣冤。

何景明坚持原则，不交权贵，不交宦官。有时没法拒绝这些人请吃时，就带着马桶去，坐在桶上吃。在陕西上班时，若碰上权贵的家属为非作歹，上去抓住就打。

"前七子"之一的徐祯卿，提起他的另一个身份，今天的人一定会做恍然大悟状，那就是"江南四大才子"（"吴中四才子"）之一。其他三人，唐寅、祝允明、文徵明以书画著名，只有徐祯卿以诗歌著名，人称"吴中诗冠"。又由于其诗作很多，被称为"文雄"。他的名句，如"文章江左家家玉，烟月扬州树树花"，尤为人所称誉。

徐祯卿非常聪明，人称他"无所不通"，但是他家里却没有一本书。少年成名，但参加科举考试，却屡不中第。后来好不容易中了进士，因长得丑而不让进翰林院。他信仰道教，研习养生，却三十三岁便英年早逝。

徐祯卿的诗话著作《谈艺录》，见解精妙，深得后人喜爱，现代学者钱锺书直接将自己的著作也命名为《谈艺录》。

《明诗综》比较"前七子"中李梦阳、何景明、徐祯卿的诗歌，用一句话总结道："李气雄，何才逸，徐情深。"

"前七子"的创作主张是复古，边贡是这一主张的坚定执行者。他有很多四言诗，模仿的是《诗经》；还有不少诗作干脆是"集杜句""集江淹句"，虽然古色古香，却尽是杂货拌。

边贡被罢官回老家后，在济南大明湖畔修建了"万卷楼"，把一生收藏的金石书籍藏于其中。不幸的是，第二年"万卷楼"被火烧了。边贡捶胸顿足，大叫道："啊啊，老天，还不如让我去死！"就此大病不起，不久离世。

"前七子"之一康海，小时候调皮、喜欢玩。父亲给他讲古今圣贤的故事，希望能引导他像圣贤一样好好学习，结果父亲讲完刚离开，康海就自个儿玩开了。父亲很生气，要教训他，但是一考查他的学习成果，康海都是一百分。父亲没辙了，只好随他去。康海也很争气，后来一举考中状元。

曾经李梦阳得罪权贵入狱时，康海利用陕西老乡关系找到大太监刘瑾，和刘瑾通宵畅饮，大打感情牌，这才救出了李梦阳。后来刘瑾倒台，康海因为同乡关系受牵连而被免官，李梦阳却没有为其说一句话。康海很失望，索性"躺平"了，连写作也放下了，宣称："有那工夫舞文弄墨，还不如休闲林下、且歌且舞且开心呢！"

康海善弹琵琶，一次在扬州的焦山弹琵琶，观众为之倾倒。后人就将焦山改为"康山"，以纪念这次活动。康海失官后索性搞音乐去了，组织了一个剧社，人称"康家班社"，成员最多时有上千人，为秦腔事业做出了很大贡献。

康海还创作了散曲上百首，有的表达了无辜遭殃的郁闷心情，如"真个是不精不细丑行藏，怪不得没头没脑受灾殃。从今后花底朝朝醉，人间事事忘。刚方，奚落了膺和滂；荒唐，周全了籍与康"。"膺和滂"，指东汉名臣李膺、范滂；"籍与康"，指"竹林七贤"中的阮籍、嵇康。

"前七子"的王九思，比康海大七岁，两人相似之处很多，都是陕西人，都少年成名，都因为刘瑾的关系被牵连，都热爱戏剧。王九思曾写作一出《中山狼》杂剧，被后世认为"不在关汉卿、马致远之下"，名列中国古典十大戏剧之一。他的诗歌名句，有感叹岳飞故事的"相权操白刃，谗口叹青蝇"等。

王九思的散曲浅显有趣，让人爱读。如："有时节露赤脚山巅水涯，有时节科白头柳堰桃峡。戴什么折角巾，结什么狂生袜，得清闲不说荣华。提起封侯几万家，把一个薄福的先生笑煞……"

"前七子"之后，很快又有"后七子"出现，继续倡导文学复古。其中最杰出者为李攀龙、王世贞。李攀龙，今山东济南人，小时候读书，就非常不喜欢八股文，而是喜欢汉唐时代的古文。其他同学都读"时文"，李攀龙就旁若无人地大声诵读"古文"，因而被视为"狂生"。对此，李攀龙不屑一顾，说："我们不狂，谁还能狂？"

李攀龙很傲气。他在陕西做官，上级长官知道他文章写得好，便命令他为某事写一篇文章，李攀龙当即严词拒绝："文章是长官下令就能作出来的吗？"

李攀龙为官时间不长，在家乡建了座白雪楼来隐居。"白雪"，取"阳春白雪，曲高和寡"之意。又说："我东可望华不注山，西可望鲍山，美不胜收，心旷神怡，其他的景物哪有如此耐看的？"华不注山为当地文化名山，鲍山则因春秋名人鲍叔牙而得名。

李攀龙是当时文坛领袖，文学之士若能得到他的一句好评，简直就跟鲤鱼跃龙门一样，立马身价倍增。李攀龙地位既高，又几乎不与权贵往来，所以一些达官显贵来拜访，一旦得到李攀龙的接见，顿觉荣耀至极。

"后七子"的另一位领袖王世贞，今江苏人，出身于书香门第。他二十二岁中进士，当时翰林院选庶吉士，有人点拨王世贞，说只要去拜会大学士夏言，表示愿做他门下弟子，就一定可以选上。王世贞听后表示不屑，干脆拒绝参加这次选拔。

王世贞比戚继光大两岁，两人中年时结识，一见如故。戚继光平定倭寇，被调去北方练兵，来拜会王世贞，还赠以宝剑。王世贞当席写下了两首慷慨的《宝剑歌》，其中一首写道："芙蓉涩尽鱼鳞老，总为人间事渐平。"宝剑芙蓉已不再锋利，鱼鳞制成的剑鞘已经陈旧，为什么会这样呢？自然是因为剑的主人做成了大事业，天下已渐太平。

李时珍的《本草纲目》能够出版、流传，王世贞功不可没。因为当时没有书商愿意出版，是王世贞听说了李时珍的故事，阅读过书稿后，认为这部书的价值不可估量，于是帮李时珍写了个推荐序，这才有书商愿意出版。王世贞在序文中写道：打开《本草纲目》，"如入金谷之园，种色夺目；如登龙君之宫，宝藏悉陈；如对冰壶之鉴，毛发可指数"。金谷园是晋代富豪石崇所建，宝贝众多；龙宫更是传说中的藏宝之地；冰壶之鉴，是说书中对药材的介绍非常清晰、准确。

王世贞还是杰出的戏曲理论家、剧作家，其专著《曲藻》影响很大。清代文学家朱彝尊认为：王世贞的才气十倍于李攀龙，"当日名虽七子，实则一雄"，虽然几人合称"七子"，但其实是王世贞一人最突出。

"后七子"的一位重要人物谢榛，因右眼失明，不能参加科考，一生布衣。他比李攀龙、王世贞都要年长很多，李、王等刚成名时，谢榛已名扬天下，所以"后七子"初期，以谢榛为领袖。后来李攀龙、王世贞成长起来，开始排斥谢榛，竟至绝交，把谢榛从"七子"中除名。

初时，王世贞赞美谢榛："开元以来八百载，少陵诸公竟安在？精爽虽然付元气，骨格已见沉沧海。"俨然把谢榛当成了当时的杜甫。后来李攀龙与谢榛闹翻，王世贞翻脸说谢榛的诗"丑俗稚钝，一字不通"，骂他"何不以溺自照"，即撒泡尿照照。谢榛很不理解，无奈地作诗道："奈何君子交，中途相弃置。"

"后七子"成员中，其他人以诗著名，只有宗臣以散文最为出色。梁有誉是今广东顺德人，轻财好客，喜欢旅游，可惜只活了三十六岁。

徐中行到处做官，诗歌也多是描写各地的风景和习俗。如《初入滇关》写云南"白日开南徼，青天豁大荒"，清末贵阳籍诗人陈田对其赞不绝口，说如果没有到过云南这样的地方，是无法理会后句之妙的。

徐中行和吴承恩是朋友，跟吴承恩说起河南的嵖岈（chá yá）山，并吟诵自己的诗作："嵖岈山上觅仙踪，石猴屹立半空中。圣僧讲经训愚顽，正果得道始大成。"意思是嵖岈山上有一块外形像猴子的石头，传说唐僧多次来此山讲经，石猴因而有了灵性，成为唐僧的徒弟。徐中行讲的这个故事，帮助吴承恩一下子撞开了《西游记》的创作闸门，后世人见人爱的"美猴王"由此诞生了。

"后七子"中的吴国伦，是今湖北省阳新县兴国镇人。他晚年回到家乡隐居，但名声让他无法隐藏起来，崇拜者从全国各地源源不断地来拜见他。当时有一句话："如不东走太仓（见王世贞），则西走兴国（会吴国伦）。"于是，偏僻的兴国突然成为全国文化交流中心之一。

明朝的散文

王慎中　唐顺之　归有光　袁宏道　张岱

明代的文风发展脉络，先是明初"台阁体"占据文坛，接下来"前后七子"反对"台阁体"；然后以"嘉靖三大家"为代表的"唐宋派"，反对"前后七子"；到了后期，以袁宏道三兄弟为代表的"公安派"，则反对上述全部，倡导"独抒性灵，不拘格套"；再之后"竟陵派"崛起，是对"公安派"流弊的纠正。

"嘉靖三大家"之一，有"嘉靖八才子之首"之称的王慎中，年少时便聪颖异常。当时的泉州名家易时中，择徒严格，一般人想当他的学生，他都看不上。但王慎中拜师时，易时中竟然不敢接受王慎中的跪拜，拉住王慎中说："你'不当在吾弟子之列也'！"——你太优秀了，我当不起你的老师。

王慎中十八岁中进士，内阁大学士张孚敬想拉拢王慎中，暗示只要王慎中登门拜见，就可以将他选拔为翰林。但王慎中没搭理，还公开说，"吾宁失馆职，不敢失身"。——翰林馆可以不入，独立之人格可不敢丢！于是，王慎中落选了，但名声却上天了。

"嘉靖三大家"之一的唐顺之心高气傲。内阁大学士杨一清想选擢他为状元，唐顺之不搭理，杨一清一气之下，把唐顺之的名次从一甲降到二甲第一名。嘉靖皇帝听说了，要来唐顺之的试卷亲自批阅。于是，唐顺之虽然还是在二甲，却成了第一个受御批的二甲考生。

垂青唐顺之的高官不止一两个。礼部尚书兼文渊阁大学士张璁（cōng）想提拔唐顺之，但刚工作的唐顺之还是没理这茬，依然故我，谢绝了张璁。这让张璁气得牙痒痒。因为这种性格，唐顺之虽名"顺之"，一生所遇"贵人"多多，但仕途其实走得非常不顺。

日常生活中的唐顺之其实很低调，穿着简朴，十来年只穿麻布衣服。出入则和普通人一样"挤公交"——坐船，船上乡民说话粗鲁，甚至对他动手动脚，唐顺之也不计较。他冬天不生炉子，夏天不扇扇子，出门不坐轿子，床上不铺两层床垫，一年只做一件衣服，一个月只吃一次肉。他学识渊博，被尊为儒学大师；文学上，与王慎中、茅坤、归有光等同为"唐宋派"文学代表。

"嘉靖三大家"的另一人为归有光，散文成就最高，被誉为"明文第一"，在当时有"今之欧阳修"之称，即"明代欧阳修"。其散文代表作《项脊轩志》，长期被编入中学语文课本。

归有光的文章好到连一向倨傲的徐渭都非常喜欢。一天，诸大绶约徐渭吃饭，从黄昏等到深夜，才等来徐渭。来了后，徐渭连连道歉，说路上在一人家里躲雨，主人大吹归有光的文章如何如何好，徐渭不信，就要了一套归有光文集来读，谁知一读就不舍得放下，因而错过了饭局。诸大绶也是归有光文章的爱好者，当即取来文集，两个人一块儿读，就这样过了一夜。

归有光升职到北京郊县，不过工作内容是管马（类似《西游记》里的"弼马温"），不禁有点愤慨，想着一介文人，让我管马不是变相羞辱吗？作诗道："虽称三辅近，不异湘水投（指屈原被流放事）。"听起来我是在京郊工作，挨着京城和皇帝，其实我的遭遇，跟屈原被流放湘水边没两样。于是赌气建了一座土房子，整日躲在里面读书，以示不满。

明代后期最重要的文学流派是"公安派"。因其代表人物袁宏道三兄弟为湖北荆州公安人，故得名。袁宏道在"公安三袁"中年龄排第二，字中郎，却文学成就最高。他十六岁在家乡组织文社，自任社长，其他社员无论多大年纪，都乖乖地听这"小娃儿"指挥；三十岁以下的社员，更是对他以师礼相待，极为尊敬。——真是一位少年盟主呀！

袁宏道对文坛上的复古之风非常不满，认为复古派及其末流的拟古之作犹如"粪里嚼渣，顺口接屁，倚势欺良"，觉得它们还不如民间俚曲。徐渭的文学主张和李贽的"童心说"给了袁宏道很大启迪，从而提出"独抒性灵，不拘格套"的主张，认为诗文创作就应该多写"本色独造语"，就应该"从自己胸臆流出"。

袁氏三兄弟，老大袁宗道崇拜的是白居易、苏轼，他的书斋名就叫"白苏斋"。老二袁宏道喜欢的是陶潜，对其"宁乞食而不悔"，宁愿自己回家种田，也不愿去做官的态度非常钦佩；同时代的人物则喜欢徐渭和李贽。老三袁中道，则深受两位哥哥和徐渭、李贽的影响。

老三袁中道最有名士派头，他二十来岁时首次出版个人诗集，被视为"公安派"作品的样板；科举不得意，便纵情山水，诗酒自娱。他认为真正的"性灵"不仅是行为上的张狂，更是心灵上的无牵无挂，如"醉者无心，稚子亦无心"，知识太多、理论太多，反而多了束缚，少了真趣。晚年，袁中道还给儿子写信传授人生经验："大丈夫如果不能成为涤荡乾坤的大人物，那就去做个隐士，居高山之顶，目视云汉，手扪星辰。最不能做的就是跟在别人后面，自取羞辱。"

"公安派"之后，"竟陵派"崛起。"竟陵派"的代表人物是谭元春和钟惺，两人都是湖北竟陵（今湖北天门）人，故得名，又称"钟谭体"。"竟陵派"延续了"公安派"的性灵主张，但又看不上后期公安派的俚俗粗浅，主张求新求奇，文风慢慢走向另一个极端——艰涩、隐晦。竟陵派影响一时，当时文人聚会，不谈竟陵派就是跟时代脱节。

"竟陵派"代表人物钟惺，在当时有"诗妖"之名，提出了孤僻一路，认为古人诗词中的"幽情单绪、孤行静寄"才是真诗精神，提倡"我辈文字到极无烟火处"，自然是好诗。追随者把钟惺奉为"深幽孤峭之宗"。

散文方面，明代集大成的文体是小品文。晚明文学家张岱便是以小品文知名，世称"小品圣手"。今浙江绍兴人，其名著《陶庵梦忆》《夜航船》等，至今深受读者喜爱。

张岱是个对对子的高手。一天，他的二舅指着墙上的画对张岱说："画里仙桃摘不下。"张岱立即对道："笔中花朵梦将来。"一位客人指着天井两旁的荷花缸出对："荷叶如盘难贮水。"张岱对道："榴花似火不生烟。"他祖父的朋友陈继儒（号眉公）指着屏风上的《太白骑鲸图》道："太白骑鲸，采石江边捞夜月。"张岱立刻对道："眉公跨鹿，钱塘县里打秋风。"陈继儒哈哈大笑，视之为忘年交。

张岱的名著《夜航船》，用现在的话来说，其实就是文化段子。为什么取名"夜航船"呢？江南水乡，出入坐船，路途一远，大家就开始闲谈，而《夜航船》就是一本闲谈书。张岱宣称："天下学问，唯夜航船中最难对付。"著名的"且待小僧伸伸脚"故事，就出自该书序言：一僧人与一读书人在夜航船上相遇，读书人侃侃而谈，僧人听得发怵（chù），蜷着脚躺在角落里。但听着听着，僧人发现读书人有点乱来，便发问："请问澹台灭明是一个人还是两个人？"读书人答："两个人。"僧人又问："那尧舜是一个人还是两个人？"读书人说："自然是一个人。"僧人笑道："你这哪是闲谈，简直就是扯淡。让开，且待小僧伸伸脚。"

明代通俗文学史

罗贯中　施耐庵　吴承恩　冯梦龙　汤显祖

宋元俗文学兴起，到明代便发展为传奇、小说等，中国古典小说四大名著，就有三部完成于明代。罗贯中生活于元末明初，元末大乱，罗贯中本来也有意"群雄逐鹿"，在乱世中显一把身手，可惜遇到的主人是张士诚，争夺不过朱元璋，罗贯中只好回老家，专心写作。他的《三国演义》在文学史上占了数个"第一"：中国古代第一部章回小说，第一部历史演义小说，第一部文人长篇小说，人称"第一才子书"。

罗贯中不仅写作了《三国演义》，还插手了《水浒传》的写作。《水浒传》是罗贯中的老师施耐庵的作品，但施耐庵还没写完就去世了。为了纪念老师，罗贯中在完成《三国演义》后，马不停蹄地去修订《水浒传》。

罗贯中善于写战争，《三国演义》中的战争有上百场，每一场都不一样，各有特色。罗贯中吸收《左传》的特点，详写谋略而略写战斗过程；详写占得上风者，略写处于下风者；详写战胜者，略写战败者。

和陈寿的正史《三国志》相比较，罗贯中喜欢采用民间传闻和野史，如"诸葛亮七擒孟获"和"空城计"，在《三国志》中并无记载。有些是在正史的基础上作合理想象，如刘备"三顾茅庐"，在《三国志》中并没有三次之多。有些是"张冠李戴"，把甲的事情移到乙身上，如张飞怒打督邮，在《三国志》中，打人者其实是刘备。

施耐庵写作《水浒传》时，初定的书名是《江湖豪客传》。还是学生罗贯中提议，改成现在这个书名。施耐庵一听，高兴得连声叫好，说道："'水浒'，即水边之义，有'在野'的意思。而且出自《诗经》：'古公亶父，来朝走马，率西水浒，至于岐下。'显得高古典雅，实在是妙不可言！"

《水浒传》中，施耐庵写石秀智杀裴如海、头陀敲木鱼这一段时，有一个疑惑，问一个朋友道："你这庵里的木鱼木槌，为何把它们看得像宝贝一样？"朋友说："这庵里原先住着一位老和尚，非常虔诚，念经必敲木鱼，把木鱼都敲烂了。所以老和尚圆寂后，我就把这个木鱼木槌珍藏了起来，用它来告诉自己，也告诉后来人，读书、做学问要专心致志。"施耐庵受此启发，把书斋起名为"耐庵"，意思是要耐住寂寞。别人因此称呼他"耐庵先生"，后来施耐庵正式以此为名。

施耐庵《水浒传》中的许多地名，都取自他隐居的祝塘。如"三打祝家庄"中的祝家庄，其实就是祝塘镇。武松景阳冈打虎，则来自施耐庵的一次村后散步。村后有个后阳冈，一天施耐庵散步时看见有条黄狗睡在松树下，一个叫武阿二的人把它打跑了。回到家，施耐庵便把后阳冈改名景阳冈，黄狗改为吊睛白额大虫（老虎），武阿二改名武松，写进了小说中。

施耐庵在私塾工作时，除了教学生读书，还教他们画画，主要是画人物，前后教学生画了108幅。这108张人物画，张张不一样，据说就是《水浒传》里108将的原型。

《水浒传》是中国古代第一部采用白话文进行创作的小说，对小说创作影响很大。自面世之时起，各种续集、改编版本不断出现，到民国时期还有人写作"水浒新传"。"明代四大奇书"之一的《金瓶梅》，同样是从《水浒传》的故事派生而来，堪称"同人文"的经典。

　　《水浒传》还影响了外国作家。美国作家赛珍珠评论说：《水浒传》是"中国生活伟大的社会文献"。法国作家勒·克莱齐奥认为：《水浒传》"记录了那个遥远年代人的基本生存状态"。《水浒传》被翻译成多国文字。其中，翻译得最好的，是美国在1933年的译作，译名为《四海之内皆兄弟》。

　　吴承恩从小就喜欢看神仙鬼怪、狐妖猴精之类的书，所以他写作的《西游记》，最以想象奇特而著称。他开创了一个新的小说门类，即神魔小说类。《西游记》被称为中国古代长篇浪漫主义小说的高峰，也是世界浪漫主义小说的杰作，是魔幻现实主义的开创者。

　　《金瓶梅》是中国古典小说的分水岭，也荣获了许多"第一"：明代"四大奇书"之首，第一部文人独创的小说，中国古代小说中第一部细致地描述人物生活、对话及家庭琐事的小说。《金瓶梅》对《红楼梦》的创作有着直接的影响，毛泽东便认为："《金瓶梅》是《红楼梦》的祖宗，没有《金瓶梅》就写不出《红楼梦》。"

　　明代小说作家中，还有一位很重要，便是冯梦龙。他编选的"三言"（《喻世明言》《警世通言》《醒世恒言》），被认为是中国古代白话短篇小说的经典。他辑录的《智囊》《古今谭概》等也非常有意思。

冯梦龙提出要"借男女之真情，发名教之伪药"，即认为拯救世道人心，《孝经》《论语》等名教典籍的说教，远不如通俗文学中的男女真情。"日诵《孝经》《论语》，其感人未必如是之捷且深"，通俗小说可以使"怯者勇、淫者贞、薄者敦、顽钝者汗下"。

冯梦龙年轻时和苏州名妓侯慧卿相爱，但因家境贫寒，两人没法在一起厮守终身。后来侯慧卿嫁给了一个商人，冯梦龙为此写下了许多凄凉的诗句，如"最是一生凄绝处，鸳鸯冢上欲招魂"；又如"年年有端二，岁岁无慧卿。何必人言愁，我始欲愁也"，每年都有五月初二，但是我的生命中再也没有了慧卿，有人为爱情、为离别而愁，而今我想愁却已不可得。

与冯梦龙齐名的是凌濛初，他的话本小说《初刻拍案惊奇》《二刻拍案惊奇》，史称"二拍"。戏曲家汤显祖曾对凌濛初赞不绝口："你的作品可以让人笑，可以让人哭，实乃文章名手。也足见你的才情，像花一样烂漫，像宝石一样陆离。"

凌濛初很有才华，但是数次参加科举考试，都以失败告终，六十岁才开始做个小官。明末流寇四起，凌濛初积极带兵平乱，保护百姓。六十五岁时被困孤城，绝食而死。

西方戏剧有莎士比亚，东方戏剧有汤显祖，两人分别生活在东西方的同一时代。汤显祖，今江西（抚州）临川人，被誉为"中国戏圣"，他的代表作有《牡丹亭》《紫钗记》《南柯记》《邯郸记》，因皆有梦境，合称"临川四梦"。

汤显祖在南京一边写词曲，一边研究学问。有人看他如此勤奋，问道："老博士还要这么努力去读书？"汤显祖直接回答："我读书不是为了博士不博士。"

　　优秀文字的感染力很强大！德国有人读了歌德的小说《少年维特之烦恼》而自杀，古代也有人读了《牡丹亭》而抑郁至死。有一女子是汤显祖的超级"粉丝"，把《牡丹亭》读了好几遍，边读边用蝇头小楷在剧本上写满了密密麻麻的批注。而且，她越读越觉得自己的命运也像书中主人公杜丽娘一样不如意，最后郁郁寡欢而死。汤显祖知道后，挥笔写下了《哭娄江女子二首》："如何伤此曲，偏只在娄江。""一时文字业，天下有心人。"

文学史之清代

恰如赵翼的诗所言，"李杜诗篇万口传，至今已觉不新鲜"。中国古代文学史跑到清代这一站时，已没有太多新鲜感。但清代文学，同样呈现出集古代文学之大成的气象，在诗、词、散文、小说乃至戏曲等文体上，都有不容忽视的表现。

清初诗坛：故人慷慨多奇节

钱谦益　吴伟业　龚鼎孳　沈德潜　查慎行　赵执信
王士禛

"江左三大家"，指明末清初的三位大诗人，钱谦益、吴伟业、龚鼎孳（zī），三人经历相似，由明臣仕清，籍贯均属旧江左地区（长江以东），文学成就也是当时最高。

明亡之前，钱谦益的人生很风光，既是文坛领袖，也是朝廷高官，在士林中声誉也很高，是著名知识分子团体东林党的领袖之一。当时23岁的名妓柳如是，怀着仰慕之情嫁给心中的偶像——已经59岁的钱谦益。几年后，明朝灭亡，清军打到南京，柳如是与钱谦益商量好一起投水殉国，谁知钱谦益怕死，用手摸了摸水，说："水太冷。"柳如是失望之下独自跳水，被钱谦益死死拉住了。之后钱谦益降清。

清军的剃头令传到南京，钱谦益害怕了，一天突然对家人说："头皮好痒。"急忙出门而去。回来时，已经是剃头留辫。当时有人作诗嘲讽道："钱公出处好胸襟，山斗才名天下闻。国破从新朝北阙，官高依旧老东林（东林党人）。"

钱谦益反复不定，最后谁都嫌恶他。乾隆皇帝下诏，将钱谦益列入

《贰臣传》。而顾炎武不愿再承认自己是他的学生。但无论如何，他的文名还是不能剥夺，黄宗羲定钱谦益为文坛"四海宗盟"，顾炎武还是认为他是"文章宗主"。

清初文学家朱彝尊很喜欢钱谦益的诗文，给他的文集题诗一首，全是集杜句而成："海内文章伯，周南太史公。""海内文章伯"出自杜甫诗《暮春陪李尚书、李中丞过郑监湖亭泛舟（得过字韵）》，是称颂钱谦益为文坛盟主；"周南太史公"出自杜甫诗《敬简王明府》，意指钱谦益有如太史公司马迁，为文章大家。

吴伟业，号梅村，他的长篇叙事诗很出色，世称"梅村体"，誉为"诗史"，这是继杜甫之后第二人有此美誉。其长诗代表作《圆圆曲》，通过陈圆圆与吴三桂的聚散离合，勾连出了明末清初的一系列重大事件。其中名句"恸哭六军俱缟素，冲冠一怒为红颜"，至今传诵不衰。

吴伟业二十三岁参加会试，考了第一名，殿试考了一甲第二名。有人嫉妒，怀疑吴伟业舞弊，向崇祯皇帝投诉。崇祯调来吴伟业的会试、殿试答卷，看完后非常赞赏，认为完全当得起他的名次。这件事不仅洗刷了吴伟业的舞弊之嫌，也让他声名鹊起。

明亡后，吴伟业隐居不出，但他名声太大、士林地位太高，清朝强迫他出仕。这一经历让吴伟业内心痛苦不已，他曾多次在诗词中表示"忏悔"。《绝命诗》写自己："忍死偷生廿载余，而今罪孽怎消除。受恩欠债须填补，纵比鸿毛亦不如。"又有一首《贺新郎》词："……追往恨，倍凄咽。故人慷慨多奇节。为当年、沉吟不断，草间偷活。……"既说自己"轻于鸿毛"，又说自己是"草间偷活"。

吴伟业去世前，留下遗言，要求墓碑上仅书"诗人吴伟业之墓"即可，简简单单、清清白白，一生只是一"诗人"。

当李自成攻入北京、明朝灭亡时，"江左三大家"的另一位龚鼎孳，还不到三十岁。他先是投井自杀，被救起后，决心好好继续自己才刚刚开始的人生，便开始辅佐李自成，并以魏徵自命，视李自成为自己的唐太宗；不料李自成很快败退，清军入关。这回龚鼎孳没有自杀，他主动降清，希望在政治上有所作为；但是清初朝廷上满汉冲突严重，龚鼎孳过得很不容易，只好沉溺酒色，放纵自己。

龚鼎孳小时候，父亲送他去赶考，由于年幼，他只好坐在父亲的脖子上排队。轮到他时，主考官针对他出了一联："小学生将父作马。"谁知龚鼎孳很聪明，不假思索地答道："老大人望子成龙。"龚鼎孳第一次看到这么多人，好奇地东张西望，主考官又从《孟子》中出了一联："以左右望。"龚鼎孳以《中庸》中一句对道："与天地参。"

龚鼎孳与秦淮名妓顾眉的爱情故事，为后世所流传。当时名妓，柳如是嫁了糟老头子钱谦益；董小宛为了名士冒辟疆，二十几岁就香消玉殒；卞玉京苦恋吴伟业，但吴伟业就是不敢娶；李香君则是"血溅桃花扇"。唯有龚鼎孳与顾眉，为彼此奋不顾身，困苦中也不离不弃。龚鼎孳曾作词盛赞顾眉："吾家闺阁是男儿""一时意气在倾城"，说顾眉有男儿气概，有侠义与深情。又赠顾眉："料天荒地老，比翼难别。"

清初诗人沈德潜，早年跟从名家叶燮学诗，自负得很，说道："我不仅学到了皮，学到了骨，连髓也已学到手。"

沈德潜很有才华，但是科考之路极其坎坷，一生考了十七次才成功。他四十岁时写诗："真觉光阴如过客，可堪四十竟无闻。"心中满是落寞和痛苦。中进士时已经六十七岁，又几年后，终于得到诗歌爱好者乾隆皇帝的赏识，称赞他是"江南老名士"。

沈德潜给乾隆皇帝当枪手写诗，很得乾隆欢心。但是沈德潜退休后编诗集，将自己给皇帝当枪手写的诗作也编了进来，乾隆很生气，从此由爱生恨。沈德潜有一首《咏黑牡丹诗》："夺朱非正色，异种也称王？"乾隆认为这是影射大清夺取朱明江山，当时沈德潜已去世，乾隆下旨追夺其阶衔，毁其墓碑。

诗人查慎行有一首《舟夜书所见》："月黑见渔灯，孤光一点萤。微微风簇浪，散作满河星。"被选入今天的语文课本，小学生耳熟能详。查慎行小时有"神童"之称，诗名惊人，十八岁时有一句"绝奇世事传闻里，最好交情见面初"，至今读来，都堪称好句。

查慎行很有才华，但是命途多舛，一生多次参加科举都铩羽而归。后来儿子和弟弟都先后进士及第了，查慎行自己仍旧只是个小小举人。直到五十多岁了，意外得到康熙皇帝的赏识，被破格选拔入值南书房（皇帝的文学侍从团），之后再参加会试、殿试，中进士，终于圆了科举高第的梦。

康熙帝在南苑玩得开心，让随行的臣子赋诗纪念。查慎行写下了《纪恩诗》："笠檐蓑袂平生梦，臣本烟波一钓徒。""烟波钓徒"是唐代著名隐逸诗人张志和的自称，查慎行将之化用入诗，康熙读后非常喜欢，称查慎行为"烟波钓徒查翰林"。

相比于查慎行的早年蹉跎、晚年得宠，比他小十二岁的诗人赵执信，人生际遇则是有点反过来：赵执信十七岁中举，十八岁中进士，可谓少年得意；然后在最好的年华——二十八岁时，意外被革除功名，从此彻底退出官场。

一场戏引发的严重后果：戏剧家洪昇排演了一曲戏《长生殿》，邀请友人查慎行、赵执信去观看，谁知竟出事了！当时正处于"国恤"期间——皇后病逝，民间禁止娱乐，于是排戏的、看戏的都遭到了弹劾。洪昇下狱，查慎行被驱逐回籍，赵执信则被革除功名。当时有人作诗感叹："可怜一曲长生殿，断送功名到白头。"

古有母以子贵，赵执信的父亲却是父以子贵。赵父去参加科举考试，点到他的名时，考官说："您老不必考试了，您的儿子如此出名，朝廷已直接给你封官了。"——当然，这事发生时，赵执信还没有去看那场《长生殿》，他文名满京华，风头一时无两。

去官后的赵执信，四处游历，写出了大量现实主义的诗歌，直到六十三岁结束漫游，回到老家。后来目盲了，仍坚持诗歌创作：赵执信口述诗作，由儿子记录下来。直到八十三岁高龄去世。他的名句有："寒山常带斜阳色，新月偏明落叶时。"

王士禛，号渔洋山人，世称"王渔洋"，是清初重要的诗人、文学家。王士禛出身官宦家庭，从小跟随祖父读书。一次，几个长辈在喝酒欣赏名人书画，十岁的王士禛在一旁玩乐。祖父喝得高兴，出了一个上联让大家对："醉爱羲之迹。"王士禛思维敏捷，应声答道："狂吟白也诗。""醉爱"对"狂吟"，"羲之"对"白也"（李白），堪称妙对。长辈们听了都大声叫好。

王士禛与堂兄弟王士禄、王士祜，都有令名，科考都取得了不错的成绩，当时人称"新城三王"（新城，今山东桓台）。但是王士禛止步殿试，直接回家研究诗词创作去了。他后来倡导"神韵说"，著《渔洋诗话》。一般认为，唐司空图（《二十四诗品》的作者）、宋严羽（《沧浪诗话》的作者）都是"神韵说"的大家，到王士禛这里，"神韵说"理论大成。

后世赵翼曾论康熙朝诗人："诗人中名位声望为一时泰山北斗者，莫如王士禛。"当时，王士禛名扬天下，执诗坛之牛耳。文学新人来京城，第一个要拜见的就是王士禛。

王士禛曾给蒲松龄的《聊斋志异》写推荐。他对此书评价很高，曾赠诗蒲松龄："姑妄言之姑听之，豆棚瓜架雨如丝。料应厌作人间语，爱听秋坟鬼唱诗。"意思是，蒲松龄在文学上另辟蹊径，不写人间寻常故事，爱写鬼神异闻。《聊斋志异》上还印有他的推荐语："王阮亭（王士禛号阮亭）鉴定。"由此，《聊斋志异》名声大振，销售火爆。

从性灵派到龚自珍：各领风骚数百年

袁枚　赵翼　张问陶　龚自珍　丘逢甲

　　袁枚是清代"性灵派"的最重要人物，他天资聪颖，又勤奋好学，从小就很出色。十九岁时，在指标已录满的情况下，被浙江督学破例录取为廪（lǐn）生（类似于公费学生）。二十岁开始参加科举，五年间先后中举、中进士，可谓一路畅通。

　　袁枚的仕途并不顺利，只先后做过几任知县。三十四岁时，父亲去世，袁枚顺势辞官回家，从此跳出樊笼，过上自由且富足的归隐生活。他在江宁（今南京）买下了一个姓隋人家的废园，改"隋"为"随"，取名"随园"。在袁枚的经营下，随园名噪一时，成为四方文人的网红打卡地。袁枚自称"随园主人"，后世著名的《随园诗话》《随园食单》等大量著作，便都完成于这片园子里。

　　一次饭局，上来一盆羊肉，有人嫌弃羊膻味而不肯吃。袁枚急忙劝道："羊肉可是最美味的好东西，怎么能够不吃呢！古人造字，跟'羊'相关的可都是好字，美、鲜、善、羹，'吉祥'的'祥'……"众人听了觉得有理，都吃起羊肉来。

　　袁枚早年曾做过沭阳县令，沭阳人感念他的好，四十多年后，邀请他再回沭阳一游。袁枚感慨万分，写下了感人的《重到沭阳图记》，说出自己的为官心得："视民如家，居官而不能忘其地者，其地之人，亦不能忘之也。"意思是，做官要视民如家，这样当地百姓得到实惠，也会铭记他。

袁枚的诗歌、古文都很有名，是江南一带文坛的领袖，既与赵翼、蒋士铨合称"江右三大家"，又倡导"性灵说"，与赵翼、张问陶合称"性灵派三大家"。当时文坛，北有纪昀（纪晓岚），南有袁枚，人称"南袁北纪"。因为创作了《随园食单》，袁枚又有美食家之誉，被称为古代"食圣"。《随园诗话》一书，则让袁枚在中国文学批评史上也占据了极为重要的地位。

名句"江山代有才人出，各领风骚数百年"的作者赵翼，也是"性灵派三大家"之一。赵翼少年时就表现突出，能写八股文，也能作诗词，父亲对他期望很高。但是十五岁时，父亲去世，没了监督，赵翼开始"偏科"，一头钻入诗词写作，八股文的写作水平一年不如一年。幸好父亲的一位朋友劝他："你家这么穷，你不用功于科举，将来怎么脱贫？"赵翼听了，及时悬崖勒马，科举之路得以顺利进行。

赵翼未中进士之前，便被选拔进军机处做事，深得军机大臣的喜爱。当时正值西北战事，往来军事文书不断，赵翼顷刻就能写几千字，有了他，文书处理就不再是难题。他有时跟随乾隆皇帝外出，半路收到军情，他往地上一坐就起草文书，倚马可待，皇帝看后不改一字。其他随行大臣也来请他代写，由此名声飞腾。

赵翼参加殿试，本来应该是第一名，主考官把名次、试卷交给乾隆皇帝审阅。乾隆打开一看：第一名赵翼，江苏人；第二名胡高望，浙江人；第三名王杰，陕西人。乾隆犹豫了，自开国以来，江南出的状元太多了，陕西还没出过一位状元呢，于是把第一名和第三名做了调换，就这样，赵翼到手的状元飞了。不过赵翼也不亏，乾隆亲自向群臣说明：赵翼同学才华高，文章自然是好，只是为了照顾陕西，不得不委屈一下他。赵翼的名声顿时比中了状元还高。

有个孕妇请赵翼给她家写对联，赵翼一挥而就："怜卿新种宜男草，愧我重看及第花。""宜男"，指会生儿子；"及第"，是说这个儿子将来能科举高中。这真是夸人夸到心眼上了！孕妇见了，喜笑颜开。

诗人张问陶是"性灵派三大家"之一，今四川人，被誉为"蜀中诗冠"。少年时即崭露才华，被人赞为"青莲再世"（"青莲"即青莲居士李白），诗作常为世人传抄。后来二十六岁中进士，每天都有诗作问世，堪称写诗狂人。

张问陶少年时家境困窘，有时连蜡烛都点不起，但兄弟三人都学习刻苦，皆有诗名，世称"遂宁三张"（四川遂宁人）。更有意思的是，三兄弟各自所娶妻子，也都是诗人。一门六诗人，三兄弟三妯娌都是诗人，世所罕见。

张问陶早年生活很不幸，二十来岁妻子和女儿先后病故，自己穷得饭都吃不上。但一位叫林佩环的女子爱慕张问陶的才华，自愿做他的续弦。林佩环有一首《题画》诗，表达了自己的心愿："爱君笔底有烟霞，自拔金钗付酒家。修到人间才子妇，不辞清瘦似梅花。"意思是，我爱你有才华、诗文写得好，愿意自掏嫁妆供养你生活；能成为你这样才子的妻子，这是我修来的福分，为此我愿意陪你过着清贫的生活。

张问陶进士及第后开始做官，他有两个仆人，一个仆人瘦高，外号"山魈（xiāo）"；一个仆人矮小，外号"僬侥（jiāo yáo，矮人国的人）"。张问陶写诗形容这俩："一僮短小如僬侥，一奴长细如山魈。奴能抄书僮识字，一屋高低有奇致。"亮点是最后一句"一屋高低有奇致"：两人站在一起，一高一低，顿时生出错落有致的感觉来。

张问陶为官清正，爱护百姓，因而不容于官场，后来因病辞官，对官场充满了愤慨，写诗道："绝口不谈官里事，头衔重整旧诗狂。"意思是，以后再也不搭理官场上的事，一心写诗，仍旧做自己的写诗狂人去。

辞官后的张问陶住在苏州，寓所靠近白居易祠堂，张问陶称之为"乐天天随邻屋"——白居易、陆龟蒙的隔壁。"乐天"是唐代诗人白居易的号，"天随（子）"是诗人陆龟蒙的号。同时"乐天天随"，又有乐从天道、任其自然之意。

张问陶在清代诗坛地位很高，影响很大。晚清诗人易顺鼎，人称神童，作诗上万首，却说自己不过是"张船山后身"（张问陶号"船山"）。民国南社诗人柳亚子，也称赞张问陶的诗："猛忆船山诗句好，白莲都为美人开。""白莲都为美人开"正是张问陶的名句。

乾隆时期，诗坛名望最高的是袁枚、赵翼、蒋士铨三人，合称"江右三大家"。三大家的"粉丝"很多，有一位"粉丝"只见过袁、赵二位，蒋还未及见到就过世了，"粉丝"很伤心，画了三幅图挂在家里，分别是拜袁、揖赵、哭蒋。还有一位"粉丝"，专推袁、蒋二位，写诗表达心意："平生服膺止有两，江左袁公江右蒋。庐山瀑布钟山云，一日胸中百来往。"也有"粉丝"只爱袁、赵，袁号"简斋"、赵字"云崧"，"粉丝"

就把自己的住所命名为"简松草堂"。

"江右三大家"的晚辈诗人洪亮吉，评论三人的诗，是这样说的："袁诗如通天老狐，醉则见尾；赵诗如东方正谏，时杂诙谐；蒋诗如剑侠入道，犹余杀机。""东方"指西汉文学家东方朔，以诙谐著称。

洪亮吉写诗，喜欢"语不惊人死不休"。比如："大雁塔，小雁塔，进士题名何杂沓。李白杜甫盖代才，可向塔上题名来？""能迎三十年前客，只有参天竹万竿。"有人模仿他的风格写诗："黄狗随风飞上天，白狗一去三千年。"人们知道后都为之点赞：模仿得太绝了！

书画家郑板桥，在文学上也颇有成就。名句如"衙斋卧听萧萧竹，疑是民间疾苦声"，人们都耳熟能详。郑板桥年轻时曾做蒙学老师，作诗自嘲："教馆原来是下流，傍人门户过春秋。半饥半饱清闲客，无锁无枷自在囚。课少父兄嫌懒惰，功多弟子结冤仇。而今幸得青云步，遮却当年一半羞。"意思是说，蒙学老师很不好做，看主人家脸色过日子，收入低、生活差。最为难的是，不用心教吧，主人嫌弃你懒；用心教吧，学生怨你管得太严，幸好如今我已跳出这种生活，过上了好日子。

龚自珍，号定庵，今浙江杭州人。龚自珍是清代中后期很重要的诗人，给后世留下了很多诗歌名句，如："我劝天公重抖擞，不拘一格降人才。""避席畏闻文字狱，著书都为稻粱谋。""落红不是无情物，化作春泥更护花。"

龚自珍的诗、词和古文都很有成就，又思想开放、呼吁改革，被后世视为中国改良主义运动的先驱人物。民国诗人柳亚子称其为"三百年来第一流"，梁启超则赞他"晚清思想之解放""今文学派之开拓"，都有龚自珍的重要功劳。

晚清文学家黄遵宪，曾以外交使者的身份出使日本，日本人被他的才华所折服，誉之为中国"最有风度、最有教养的外交家"。特别是黄遵宪的诗作，深受日本文人喜好，赞他是"裁云缝月之高手"。同时，黄遵宪一边外交，一边游历、研究日本，第一次把日本的历史、政治、景物、风俗等内容写进了中国古典诗，写作了《日本杂事诗》两百多首。

谭嗣同喜欢读经世济民的书，对八股文反感至极，在课本上写下了"岂有此理"四个字。相比于成为书生，谭嗣同更希望做一个锄强扶弱的英雄，他给自己取了一个"剑胆琴心"的雅号，身边常带着两柄剑、三张琴。

"戊戌变法"中，谭嗣同被捕下狱，他没有担心自己的生死，每天要么绕室而走，要么捡起地上的煤屑在墙上写字。旁人问他干啥，谭嗣同笑着说："作诗。"其间他写下《狱中题壁》一诗："望门投止思张俭，忍死须臾待杜根。我自横刀向天笑, 去留肝胆两昆仑。"临刑时，又高声吟诵："有心杀贼, 无力回天, 死得其所, 快哉快哉！"

诗人丘逢甲参加童子试，福建巡抚丁日昌用他的名字"逢甲"出了一联："甲年逢甲子（甲子，一个名'甲'的孩子）。"丘逢甲歪着小脑袋，略作思考，对道："丁岁遇丁公（丁丑年遇到了姓丁的大官）。"丁日昌一下子"惊为才子"，又让丘逢甲以台湾风物为题，作竹枝词百首。丘逢甲毫不为难，提笔急写，天色还未晚，百首已完成。丁日昌看后，拍案叫好。从此，"丘才子"之名传扬开来。

台湾官员唐景崧（sōng）喜欢文学，经常邀请丘逢甲来家里，参加"文酒之会"。唐景崧曾写一联赠送丘逢甲，以表达自己对丘逢甲的喜爱："海上二百年生此奇士，腹中十万卷佐我未能。"意思是，台湾岛两百年才孕育了丘逢甲这样一位奇士，他腹中有十万卷书，能弥补唐景崧的不足。

中日甲午战争后，台湾被割让给日本，丘逢甲组织台湾义军反抗侵略者，无奈都失败了。他写诗痛哭："春愁难遣强看山，往事惊心泪欲潸。四百万人同一哭，去年今日割台湾。"春日里愁绪挥之不去，勉强打起精神眺望远山，随即想起往事，不由得热泪欲涌；去年今日，台湾宝岛被割让给侵略者，四百万同胞因此齐声痛哭。

清末民初诗人潘飞声评价丘逢甲的诗："长篇如长枪大剑，七律如拉满的劲弓，能吹裂铁笛，有战场之声。"

中兴词人：人生若只如初见

陈维崧　朱彝尊　顾贞观　纳兰性德　厉鹗

清初词坛有两位代表人物，一是陈维崧，二是朱彝尊，合称"朱陈"。陈维崧是江苏宜兴人，宜兴古称阳羡，所以他这一词派被称为"阳羡派"，推崇苏轼、辛弃疾，词风豪放、雄壮。朱彝尊是浙江人，这一派被称为"浙西词派"（或"浙词派"），"不师秦七（秦观），不师黄九（黄庭坚）"，主张学习南宋姜夔、张炎，锤炼字句、声律。

陈维崧是"明末四公子"之一陈贞慧之子，生活优渥，少年成名。但是弱冠之年明朝灭亡，从此成为"飘一代"，寄居四方。他几次参加清朝的科举，都失败而归，直到五十多岁，参与编修《明史》，才有了官职和正式工作。四年后在任上去世。

陈维崧长得奇特，胡须特别多，人称"陈髯"。词作也有特色，有辛弃疾的豪放，还多了一层霸悍，咄咄逼人，在抒情上非常有爆发力。他在苏州虎丘参加江南"十郡大会"，近千人当场作诗。吴兆骞最先完成，陈维崧和彭师度紧跟着完成。主持人吴伟业对三人的作品大加称赞，称誉三人为"江左三凤凰"。

朱彝尊既是诗人、词人，也是学者、藏书家。诗与王士禛齐名，称

"南朱北王"；开创浙派诗，与查慎行同为浙派初期两大家；词与陈维崧齐名，在清初词坛居领袖地位；撰写的《经义考》一书，是中国古代第一部经学专科目录。家富藏书，见书心喜，五十岁时参与修《明史》，仅仅四年后，就因为偷抄内廷史馆藏书而被罢职。

朱彝尊还未做官时，在山西碰到了顾炎武，两人相谈甚欢。顾炎武很欣赏朱彝尊，作诗赞美道："自来贤达士，往往在风尘。"

朱彝尊与广东诗人屈大均关系很好，经常诗歌唱和。朱彝尊排行第十，人称"朱十"，屈大均排行第五，人称"屈五"。屈大均作《吴江赠顾茂伦》诗，说："夫君若萱草，一见即忘忧。"萱草又称忘忧草，诗句意思是，你就像萱草一样，我一见你就忘记了忧愁。朱彝尊作《喜罗浮屈五过访》，说："罗浮山下曾相见，开门一笑逢故人。"

朱彝尊的代表作有《桂殿秋》："思往事，渡江干，青蛾低映越山看。共眠一舸听秋雨，小簟轻衾各自寒。"据说词作写的是一段爱情往事，"共眠一舸（gě）听秋雨，小簟轻衾（qīn）各自寒"，两人躺在小船里一起听着秋雨滴答声，竹席微凉、被衾单薄，各自忍受着寒冷。——前一句说明两人离得很近，后一句又显示两人隔得很远，可见是有缘无分、爱而不得。

与陈维崧、朱彝尊同一时期的，还有一位重要词人顾贞观，三人合称"词家三绝"。顾贞观是今江苏无锡人，出身书香世家，少年时代即有大名。二十来岁游历京师，拜见前辈名人龚鼎孳和大学士魏裔介，递上个人诗集。两人看到"落叶满天声似雨，关卿何事不成眠"一句时，大加赞赏，直叹后生可畏。

顾贞观和纳兰性德的相遇，是文学史上的一大佳话。纳兰性德是晚辈，顾贞观受聘到纳兰家为塾师，学生正是纳兰性德。两人是师徒，也是朋友，相得宜欢。纳兰性德几天不见顾贞观，就想他。顾贞观一来纳兰家，两人就登楼聊天，还抽去楼梯，不让人打扰，一聊就是一天。

顾贞观和纳兰性德都是至情至性之人，两人在词风上也有很大相同之处，便是"全以情胜"，语言质朴自然，感情真挚深厚。两人的共同好友吴兆骞被流放宁古塔，顾贞观曾写词《金缕曲》二首寄之："季子平安否？便归来、平生万事，那堪回首！……魑魅搏人应见惯，总输他、覆雨翻云手。冰与雪，周旋久。……""我亦飘零久……问人生，到此凄凉否？千万恨，为君剖。……"读者无不称好，誉之为"千古绝调"。

顾贞观临终前选出生平满意之作共四十首，让弟子去印刷出版。弟子奇怪这么少，顾贞观说：少才是精华所在，这些诗都是"味在酸咸外者"，其他的非酸即咸，不值得流传。

吴兆骞，今江苏人，从小不凡，九岁能作《胆赋》，十岁写《京都赋》，读了的人都一惊。古时印书的油墨不好，吴兆骞读书特别用功，眼睛离书又近，所以经常弄得鼻尖上顶着一片墨迹。

吴兆骞年少时是个"捣蛋鬼"，在教室里看见别人脱下的帽子，拿过来就往里面撒尿。老师责问，他则说："这帽子戴在俗人头上，还不如给我装尿呢！"老师见他语出惊人，也不由得一愣，说："这孩子将来必有盛名，但恐不容于世，定受祸端。"

吴兆骞科考中举，谁知有人揭发南京考场有人舞弊，吴兆骞被仇家诬陷，受到牵连。朝廷让他入京复试。复试时，两旁武士持刀站立，吴兆骞吓得浑身哆嗦，没法集中精力答完试卷，因而复试没通过，舞弊被锤实，不仅没了功名，还被抄了家产，一家人全被流放宁古塔（今黑龙江宁安）。这一年，吴兆骞刚二十八岁，等到他被营救归来，已是二十三年后。

吴兆骞全家被发配宁古塔，大家都觉得冤枉，文人们纷纷赋诗作词为他送行。吴伟业写了著名的《悲歌赠吴季子（吴兆骞号季子）》："君独何为至于此，山非山兮水非水，生非生兮死非死。"

吴兆骞堪称清代第一悲剧诗人，一生活了五十四岁，流放前的人生和流放后的人生，刚好各一半。他留存的诗作多写于流放后，满是凄凉、哀伤之情："敢望余生还故国，独怜多难累衰亲。""五月边城未著花。"

纳兰性德，字容若，是大学士（宰相）纳兰明珠之子。他出身贵族，却爱好文艺，朋友圈多是有着突出文学才能的江南布衣，如顾贞观、朱彝尊、陈维崧等。纳兰性德的词学成就很高，与陈维崧、朱彝尊合称"清词三大家"。近代学者王国维在《人间词话》里，更是称他是"北宋以来，一人而已"。

纳兰性德一生只活了三十一岁，却为后世留下了众多名作名句：他写雪花，"别有根芽，不是人间富贵花。"写春愁，"风淅淅，雨纤纤。难怪春愁细细添。""红泪偷垂，满眼春风百事非。"写思乡，"风一更，雪一更，聒碎乡心梦不成，故园无此声。"其他名句如，"人生若只如初见，何事秋风悲画扇。""我是人间惆怅客，知君何事泪纵横，断肠声里忆平生。""谁念西风独自凉，萧萧黄叶闭疏窗，沉思往事立残阳。"

厉鹗是"浙西词派"中期的代表人物，他家境贫寒，刻苦读书，但他读书不是为了考科举，而纯粹是为了学习知识和写诗。二十出头时外出游历山水，写了《游仙百咏》，不久又写了《续游仙百咏》。他还觉得意犹未尽，接着又写了《再续游仙百咏》。自称："以前北宋人谢逸作'蝴蝶诗'三百首，人们称呼他'谢蝴蝶'。如今我作'游仙诗'三百篇，大家是不是该叫我'厉游仙'？"

厉鹗虽然也参加过科举，中了举人，但对功名并不热心。第一次会试失败，高官汤右曾赏识他，邀请他到家中做客，厉鹗却不辞而别。写诗说："耻为主父谒，休上退之书。"不愿像西汉主父偃那样，为了求官而向汉武帝上书，也不希望有唐代韩愈（字退之）那样的人来推荐我。后来在朋友的劝说下，再次参加会试，结果出了意外，又落第了。朋友们扼腕叹息，厉鹗却不以为意，说："我本无心做官，现在好了，大家都不用劝我了，我要回家过自己的日子去。"

因为生活困难，五十六岁的厉鹗决定改变自己，以举人身份去北京参加候选县令的考试，但路过天津时，又出了意外。老朋友查为仁说起自己在为南宋周密的《绝妙好词》作笺注，厉鹗一听来了精神，对学术的热爱战胜了对仕宦的追求，于是不去考试了，留在天津和查为仁同撰《绝妙好词笺》。几个月后，活儿干完了，厉鹗也掉转方向，直接往南回家去了。

厉鹗的诗也很有名，在王士禛、朱彝尊之外，独辟蹊径。他自己也常常与众不同，不修边幅，迈着大步子横着走，仰首望天，摇头晃脑，仿佛在作诗。别人笑称他为"诗魔"。

散文故事：天下文章出桐城

戴名世　方苞　刘大櫆　姚鼐

　　桐城派是清代文坛上影响最大的散文流派，创始人为方苞，中经刘大櫆（kuí），到姚鼐将桐城派散文推到顶峰。这三人，合称为"桐城三祖"。或者加上最早的戴名世，合称"四祖"。这些代表人物都是安徽桐城人，故得名"桐城派"，当时有"天下文章在桐城"的说法。

　　戴名世自幼就努力学习古文。他说自己一天不读书，就会魂不守舍；得到书就读，达到了废寝忘食的地步。由于勤奋、上进，戴名世年不到二十岁就以文章著称，之后文名满天下。五十岁时，其文集《南山集》整理出版，立即成为超级畅销书，让戴名世由此流芳文坛两百多年。但也因为这本书，被举报有对清政府不敬的言论，戴名世因此被杀身亡，牵连者众。"《南山集》案"成为清初三大文字狱之一。

　　方苞是桐城派散文的创始人。因"《南山集》案"入狱两年，学问突出，以布衣身份选拔进南书房做事，后来官至礼部右侍郎。方苞年轻时即很有文名，被誉为"江南第一"，大学士李光地称赞方苞的文章，是"韩（愈）欧（阳修）复出，北宋后无此作也"。

　　刘大櫆是桐城派继方苞之后的中坚人物。他将小说、戏曲的描写手法用于散文写作，是一大创新。

真正扛起大梁、将桐城派古文发扬光大的人，是姚鼐。姚鼐是刘大櫆的学生，刘大櫆对他器重非凡，称赞他年纪虽轻，但已具"垂天翼"——拥有了一对可翱翔天际的翅膀。世人评价姚鼐，则都说他是"青出于蓝而胜于蓝""冰成于水而寒于水"，比老师要强出很多。

由于方苞、刘大櫆、姚鼐等人的接续努力，到姚鼐去世时，桐城派的地位已无可撼动，此后主导了清代上百年的散文写作。姚鼐编选的《古文辞类纂》，成为当时读书人的必读书。清末名臣曾国藩，深受此书的影响，继承了桐城派的精神而创立了晚清古文的"湘乡派"。

苦乐戏剧：可怜一曲长生殿

李渔　洪昇　孔尚任

清代文学史上，有两位堪称"生活家"的人物，一为清初的李渔，一为清朝中期的袁枚。这两位，都把日子过得有闲、有钱，且有品，精神生活也特别丰富。他们几乎都不做官，"无案牍之劳形"，也"不为五斗米而折腰"，但是善于经营，很会赚钱，因而物质较为宽裕；同时写作、搞美食、玩戏剧，样样得心应手；并且，社会名流、达官贵人、文坛新手，都以结交他们为荣。

李渔是今浙江金华人，一生都没做过官，明末时还参加过一两次科举考试，入清后索性绝了念头。初时，李渔在老家隐居下来，曾写诗："此身不作王摩诘，身后还须葬辋川。"意思是要学诗人王维，隐居终老。但是出了意外，与乡人发生了纠纷，李渔一恼之下，举家去了杭州，另谋发展。

李渔在杭州时靠卖文为生，成为中国历史上第一位专业作家。他写作了大量畅销书，名声大振，为此赚了不少钱。但是当时盗版横行，冒他的名来出书者也很多，为了更好地打击盗版，捍卫自己的权利，李渔又离开杭州，举家迁往金陵。

李渔在金陵的住所，因面积小，取名为芥子园，即"芥子虽小，能纳须弥"之意。后来又成立了芥子园书铺（出版社兼书店），继续自己的写书、编书、出书、卖书事业，把小日子过得红红火火。

李渔一生著述很多，既有《闲情偶寄》这样的"生活艺术指南"，也有戏剧文学《笠翁十种曲》；蒙学读物《笠翁对韵》，出版后成为私塾小学生的必读书；策划出版的《芥子园画谱》，是后世学习绘画的基础教材。

关于戏剧，李渔有话要说，他认为："传奇原为消愁设，费尽枝头歌一阕；何事将钱买哭声，反会变喜成悲咽。惟我填词不卖愁，一夫不笑是吾忧；举世尽成弥勒佛，度人秃笔始堪投。"总的意思就是，大家来看戏，都是想轻松轻松、乐和乐和，不想花了钱，到最后看了个愁苦。李渔是中国戏剧史上第一个，也是唯一专门从事喜剧创作的作家，被后人誉为"世界喜剧大师"。

论清代戏剧文学，首推"南洪北孔"，即今浙江人洪昇和今山东人孔尚任。两人年岁相当，洪昇成名尤早，但两人生活都不顺。洪昇四十四岁时完成代表作《长生殿》，很快因该剧惹上祸事，被革除功名；孔尚任五十一岁时完成代表作《桃花扇》，第二年便因不知名原因被罢官。

洪昇少年成名，后来在北京做太学生，得到王士禛、朱彝尊等名流的赏识。但是性格桀骜不驯，和大家在一起，总是翻着白眼看人，喝酒一多，就开始慷慨激昂地纵古论今。友人评论他："好古每称癖，逢人不讳狂。"

洪昇创作《长生殿》花了十五年多的时间。二十九岁时，以李白为主角，创作了《沉香亭》，内容是表现唐明皇的爱才与对李白的赏识。三十五岁那年，洪昇对《沉香亭》进行了大修改，删去李白的故事，加入李泌辅佐肃宗中兴的情节，改名为《舞霓裳》。到四十四岁时，洪昇又有了新的想法，决定剧本专写李、杨爱情，把《舞霓裳》改名为《长生殿》。结果《长生殿》一搬上舞台，便好评如潮，不过也为他自己招来了祸事，洪昇以"大不敬"罪被下狱，革除功名。

孔尚任是孔子后人，做官多年但不如意，经过十年创作、修改，终于完成了《桃花扇》。《桃花扇》写成之后，大家争相传抄，一时洛阳纸贵。康熙皇帝也非常喜欢，每次宴请都让戏班表演此剧。看到南明弘光朝廷的乱象，康熙都着急了，说道："弘光必亡啊！"有时还为此罢宴，说要吸取南明覆亡的教训。

清人刘中柱评价孔尚任与《桃花扇》：明之汤显祖，最近之李渔，"皆非敌手"。意思是，汤显祖和李渔，都不如孔尚任。

张问陶（张船山）、彭端淑、李调元，合称"清代蜀中三才子"。其中，张问陶成就最高，袁枚称其为"清代蜀中诗人之冠"；彭端淑次之，今天的中学语文课本有他的《为学》一文；李调元第三，后人对他的诗词评价不高，但他在戏曲理论上有独到之处。

李调元小时候有"神童"之称。一次，李调元的父亲指着屋檐上织网的蜘蛛出对："蜘蛛有网难罗雀。"李调元应声对出："蚯蚓无鳞欲变龙。"还有一次，李父出上联："曹子建七步成诗。"李调元一下子被难住了，说道："李调元一时无对。"意思是自己对不出。不料，父亲却大喜，说道："你刚才说的不就是挺好的下联？"

李调元因小事被流放新疆，从此绝意仕途。有人劝他想想办法再回去做官，他以苏东坡的诗作答："便从洛社休官去，犹有闲居二十年。"意思是，我不做官还可以多活二十年啊！又在《小西湖看荷》中写道："长羡鸳鸯清到底，一生受用藕花香。"意思是我就爱这藕花香。

小说巅峰：满纸荒唐言，一把辛酸泪

蒲松龄　纪昀　吴敬梓　曹雪芹　李绿园　李伯元　吴趼人
刘鹗　曾朴

蒲松龄的《聊斋志异》，是中国志怪小说的高峰，风靡天下，影响至今不衰。郭沫若曾为蒲松龄故居题联：写鬼写妖高人一等，刺贪刺虐入骨三分。文学家老舍曾题词：鬼狐有性格，笑骂成文章。

文学家纪昀（字晓岚）有机智，擅长对对子，信手拈来，出口成趣。他和陆锡熊共同主持《四库全书》的编修，一天，两人闲聊，陆锡熊说："我刚牵马去饮水，饮水的地方叫'四眼井'，'四眼井'可以拿什么来对？"纪昀笑笑，说："用您的名字来对正好啊！"陆锡熊先是一愣，随即哈哈大笑。原来，陆锡熊号"耳山"，"四眼井"对"陆耳山"，对得严丝合缝！

纪昀性情诙谐。权臣和珅请纪昀给新建的凉亭题字，纪昀唰唰写下两个大字"竹苞"，给了和珅。这二字出自《诗经·小雅·斯干》，人们常常用"竹苞松茂"来祝贺别人建了新房。和珅一看，也是喜上眉梢，郑重地挂到了凉亭上。但乾隆皇帝不这么认为，他来和珅家看到纪昀的题字后，边欣赏边琢磨，最后，哈哈大笑，对和珅说："纪晓岚是在骂你们家'个个草包'呢！"——"竹苞"拆开来，正是"个个草包"四字。

纪昀是个大烟鬼，烟袋寸手不离，人称"纪大烟袋"。一天，他正吸烟，忽然乾隆大驾光临，他匆忙中就势将烟袋插进靴筒。烟锅里的火星烫脚了，纪昀也不敢吭声，拼命忍着，可一会儿，靴筒里的火都烧到袜子了，烧得纪昀龇牙咧嘴、眼泪汪汪的。乾隆一看，咋了呢？纪昀哭着说："皇上，臣的靴筒里走火了！"以后几天，纪昀走路都一瘸一拐的，人称"纪铁拐"，成为一时笑谈。

纪昀写《阅微草堂笔记》，以"超（唐代）传奇追晋宋（《搜神记》）"为目标，用力甚勤，非常出色，从而在清代笔记小说中独树一帜，与《聊斋志异》一起被誉为清代文言小说的"双璧"。

《儒林外史》的作者吴敬梓，青年时家道中落、妻子早逝，自己科考也接连失意，一气之下，决定绝意于科举。他搬到南京，过着不名一钱的窘困日子："白门三日雨，灶冷囊无钱。"到晚年生活更加困顿："囊无一钱守，腹作千雷鸣。"大冬天的时候，没钱取暖，晚上冷得不行，就和朋友绕城步行，边走边大叫，称之为"暖足"。

吴敬梓曾向朋友杨凯求助生活费："明晨冲泥问杨子，妻儿待米何时还。"去世时，"可怜犹剩典衣钱"，只剩下了典当衣服换来的钱。赶来协助料理丧事的朋友向当地官员请求帮助，才将吴敬梓的棺木从水路运到南京，安葬在了南京清凉山脚下。

吴敬梓对八股文和科举制厌恶至极，他的小说《儒林外史》对此进行了无情讽刺，对科举制下的读书人也有深刻的描写。《儒林外史》具有一定的开创意义：笔触是现实主义的，美学追求是嬉笑怒骂的讽刺。它与《红楼梦》一起成为清代小说的高峰。

一般认为，《红楼梦》的作者是曹雪芹。曹雪芹名霑（意义同"沾"），号雪芹。他出生时，正是江南梅雨季节，天天下雨，"四野沾足"，于是家人给他取名"霑"。"雪芹"二字则出自苏轼《东坡八首》之三："泥芹有宿根，一寸嗟独在。雪芽何时动，春鸠行可脍。"苏轼被贬黄州，生活窘迫，于是在东坡开荒以补家用，有了"东坡居士"之号，曹雪芹后来的生活历程也如此。

曹雪芹生平事迹不详，后人只能从他的朋友敦诚的诗中了解一二。中年曹雪芹生活潦倒，靠卖字画为生。好友敦诚在《赠曹芹圃》中写道："满径蓬蒿老不华，举家食粥酒常赊。"一次，敦敏、敦诚带酒去拜会曹雪芹，曹雪芹家里揭不开锅了，只好摘瓜花做菜下酒。敦诚在诗中记录此事："瓜花饮酒心头乐。"

敦诚有一首诗《寄怀曹雪芹（霑）》向我们道出了曹雪芹写书的艰难："劝君莫弹食客铗，劝君莫叩富儿门。残羹冷炙有德色，不如著书黄叶村。"于是，曹雪芹隐居西山，用心著书，对旧作《风月宝鉴》反复修改，如此十年，写出了巨著《红楼梦》。

红学家周汝昌评价曹雪芹是中华文化的一个杰出代表，说《红楼梦》融汇了老庄的哲学，屈原《离骚》的抒情，司马迁的史才，顾恺之的画艺，李义山（李商隐）、杜牧之（杜牧）的诗歌才情，李龟年、黄旛绰的音乐、剧曲……而他一生的经历，由贵而贱，由荣而辱，出入江南江北，综合满汉文化。有了这些，才有了《红楼梦》不朽的奇辉异彩。

李绿园的《歧路灯》，是中国小说史上的第一部，也是唯一一部以"浪子回头"为题材的长篇白话小说。朱自清评价《歧路灯》："单论结构，不独《儒林外史》不能和本书相比，就是《红楼梦》也还较逊一筹；我们可以说，在结构上它是中国旧来唯一的真正长篇小说。""本书的总价值，我以为只逊于《红楼梦》一筹，与《儒林外史》是可以并驾齐驱的。"

石玉昆是著名的民间说唱艺人，在清代与柳敬亭齐名，是民间说唱艺术的双璧。石玉昆创作的《三侠五义》，是中国武侠小说的鼻祖。近代学者俞樾赞道："这是天地间的另一种笔墨啊！"亲自动手加以修订。鲁迅在《中国小说史略》中评价：口语化特点明显，对江湖侠客义士的描绘不是仙气飘飘的，而是富于世俗生活气息。

"晚清四大谴责小说"包括李伯元的《官场现形记》、吴趼人的《二十年目睹之怪现状》、刘鹗的《老残游记》和曾朴的《孽海花》。李伯元是小报界的鼻祖，在上海先后创办了《指南报》《游戏报》等小报，刊载官场笑话、民间趣闻，很受底层老百姓的欢迎。

小说《官场现形记》中，李伯元大量使用当时官宦和绅士间的流行方言，即绅谈方言。如"带肚子"，指清代官员上任所带跟班，这种跟班是有人出钱去做的，犹如多带了个东西上任。"正途、羊毛笔换得来的"，科举考试要用羊毛笔答卷，这是做官的正途。"大帽子"，为官员的别称，因清代官员戴尖顶、圆边檐的大帽。"一底一面、有底有面、连底连面"，指官吏贪污，有明里面子上的一份，还有暗地里的一份。"腰把子"，比喻靠山、后台。"经络"，指官场关系犹如人体经络，又如一张织网，相互牵连，错综复杂……

吴趼人生性幽默，常常话一出口，就四座倾倒；又狂放不羁，喝了点酒，说起天下事来，慷慨激昂，不可一世。

吴趼人向朋友借钱，也搞得很别出心裁。他写了一封信，信里就八个字："袜犹如此，人何以堪。"然后往信封里塞一只破破烂烂的袜子。朋友收到信后，不知是先看信笺，还是先欣赏袜子，总之一脸懵懂。不过总算大致明白了吴趼人的意思：袜子都破成这样了，我还能过得好吗？！于是慷慨寄钱相助。

　　吴趼人是广东佛山人，在佛山度过了辛酸的童年和少年时期。即便如此，吴趼人对故园还是充满了深情，念念不忘自己是佛山人，哪怕发表作品，署名也是"我佛山人"。别人误读为"我佛/山人"，所以批评吴趼人，说"山人"和山樵、山民意思一样，吴趼人竟然将它和"我佛"相连，真是信口雌黄。吴趼人狂笑不已，回击说："我系佛山之人，故曰我佛山人，何得竟施腰斩之罪，将'佛山'两字断成二截？佛说未免罪过。"

　　吴趼人给自己取字，最开始用"茧人"二字，后来摔伤一足，于是改为"趼人"。但是别人给他写信，常常写为"妍人"或"研人"。吴趼人作诗自嘲道："偷向妆台揽镜照，阿侬原不是妍人。"——作家的名字确实很有意思！"茧人"，可以理解为被关在茧房里的人；"趼人"，则是脚上长着老茧的人；"妍人"，是长得好看的人；"研人"，是搞研究的人？

　　吴趼人是文学家，也是个"技术男""发明小能手"。二十三岁那年，他自行制造了一艘蒸汽船，并试驾成功。这件事后来被写进了《二十年目睹之怪现状》里，书中"赵小云"造小火轮的情节，就是对这件事的艺术化处理。

　　吴趼人的《二十年目睹之怪现状》，取材于上海的官僚名士、洋奴买办的故事。胡适对此作评价很高，说我国第一流小说，"古惟《水浒》《西游记》《儒林外史》《红楼梦》四书，今人唯李伯元、吴趼人两家"，其他人写的都入不了一流。

吴趼人的小说谴责现实，生活上却看得开。曾作诗《无事》一首："无事一樽酒，心闲万虑清。古书随意读，佳句触机成。幽鸟寂不语，落花如有声。此中饶雅趣，何必问浮生。"一副超脱世事、诗酒自娱的样子。

与其他作家不同，刘鹗本是经商、做官的，之所以写小说，有别的原因：朋友连梦青到上海来避祸，生计遇到了困难，但连梦青又不愿受人钱财资助；刘鹗便想了个办法，写小说连载，如果发表了且得了稿费，便算连梦青的。这部小说，就是后来非常著名的《老残游记》。

刘鹗对官场有极为清醒的认识。在《老残游记》中，刘鹗写道："赃官可恨，人人知之。清官尤可恨，人多不知。因为赃官自知有病，不敢公然为非；清官则自以为不要钱，何所不可？"他甚至认为：清官"小则杀人，大则误国"。

刘鹗晚年被人陷害，充军今乌鲁木齐。在这里，他经常为一些店铺写对联。有家理发店环境比较好，在河桥下的小巷内，刘鹗就以景入联："流水小桥催钓影，春雨深巷卖花声。"给油条豆浆店写的，就以形象入联："白面生入油锅，浑身金甲；胖小子进磨口，柏水窦章。"给染布店的充满了告诫："财源黑手莫黑心，生意白来没白去。"给烤肉店的充满生活气："一插串起若干块，红火烧来百味香。"

曾朴痛恨科举制度，少年时写文章："君不见苍松古柏盘屈干云霄，安能局促泥涂日与荆枳比！"松呀柏呀这些高大的树木，怎么可能低伏在泥水中，每日和荆枳这类低矮灌木相争呢！后来迫于父亲的命令，不得不到北京应试，曾朴在考试中故意弄脏试卷，并在试卷上题诗："功名不合此中求！"一个人一生要做的事业，不应该靠一纸试卷来决定！最后一走了之。

曾朴的《孽海花》在当时出版界创下了纪录：再版10余次，行销10万部。翻译家林纾对《孽海花》推崇备至，赞叹为"奇绝"之书。在创作的同时，曾朴还翻译介绍了大量法国文学，雨果的名著《巴黎圣母院》等，就是曾朴最早介绍到国内的。